Ursula Oppolzer

Bunt, bunt, bunt ist alles, was ich denke

Ganzheitliches Gehirntraining für Senioren

schlütersche

Ursula Oppolzer studierte Biologie und Geografie, Mathematik und Psychologie. Sie zählt zu den führenden Experten für Gedächtnismanagement, Konzentration und Lernen in Deutschland und hat bereits viele erfolgreiche Bücher veröffentlicht.

»Das Alter ist ein herrlich Ding,
wenn man nicht verlernt hat,
was anfangen heißt.«

MARTIN BUBER (1878–1965)

Bibliografische Information Der Deutschen Nationalbibliothek
Die Deutsche Nationalbibliothek verzeichnet diese Publikation in der Deutschen Nationalbibliografie; detaillierte bibliografische Daten sind im Internet über http://dnb.ddb.de abrufbar.

ISBN 978-3-89993-270-6

Reihengestaltung:	Groothuis, Lohfert, Consorten | glcons.de
Illustrationen und Fächer:	Antje Bohnstedt
Titelbild:	Peter Mazlen – fotolia.com
Satz:	PER Medien+Marketing GmbH, Braunschweig
Druck und Bindung:	Druckhaus »Thomas Müntzer« GmbH, Bad Langensalza

INHALT

EINLEITUNG

Als ich meinen ersten »Gedächtnistrainingskurs« in einem Altenheim anbot, stellte ich fest, dass die Zahl der Aktiven und Interessierten am Anfang relativ gering war. Nach und nach kamen jedoch immer mehr Teilnehmer hinzu, denn es sprach sich schnell herum, dass wir viel zu lachen hatten und dass es keineswegs um stupides Merken und Erinnern irgendwelcher Begriffe ging. Stattdessen vergnügten wir uns mit vielen, höchst unterschiedlichen Übungen. Es ging nicht um Leistung, sondern um das Mitmachen und um ein kommunikatives Zusammensein.

Mancher, der zu Beginn eher skeptisch war, sich nicht viel zutraute, Angst vor einer Blamage hatte und nur still dabeisaß, ging bald immer mehr aus sich heraus und freute sich über kleine und größere Beiträge. Wichtig war es mir, die Menschen dort abzuholen, wo sie standen und ihnen Übungen und Spiele anzubieten, die sie bewältigen konnten und die ihnen Freude machten. Ich wollte sie fordern und fördern, aber auf keinen Fall überfordern.

Wer geistig ein wenig »eingerostet« oder krankheitsbedingt nur eingeschränkt leistungsfähig war, erinnerte sich alsbald an Melodien und Lieder aus seiner Kindheit und bewegte sich gemeinsam mit den anderen im Rhythmus der Musik. Ein Teilnehmer konnte zwar nicht mehr so gut sehen, aber gut reimen und sich an Gedichtzeilen erinnern. Ein anderer erwies sich als sehr wortgewandt, fantasievoll und kreativ. Die Athmosphäre unserer Stunden war entspannend und heiter. Scherzfragen und kleine Witze wurden ausgetauscht. Lustige Geschichten oder Erzählungen aus alten Zeiten fanden ein begeistertes Publikum. So wurde aus einem »Gedächtnistrainingskurs« ein Ganzheitliches Gehirntraining (GGT), das nicht nur bestimmte Fähigkeiten trainierte, sondern Geist, Körper und Seele ansprach.

Schon nach kurzer Zeit stellten alle Teilnehmer fest, dass sich ihr Denkvermögen, ihre kommunikativen Fähigkeiten und auch ihre Aktivitäten verbesserten. Schon bald wurde noch eine zweite Gruppe gegründet. Dennoch nahmen nicht einmal 10 bis 20 Prozent der Heimbewohner teil. Vielen anderen Trainern, die in Deutschland in Altenheimen solche Aktiv-Kurse anboten, ging es ähnlich. Stets repräsentierten die Gruppenteilnehmer nur einen kleinen Ausschnitt der Bewohner. Es mussten neue Wege gefunden werden, möglichst viele alte Menschen anzusprechen und zu fördern. So entstanden neue Aktivierungsformen, wie z. B. der Therapeutische Tischbesuch

(TTB)[1] oder die 10-Minuten-Aktivierung nach Uta Schmidt-Hackenberg[2], die in vielen Altenpflegeeinrichtungen inzwischen zum Standard gehören.

Alles in einem Buch – mit praktischem Fächer!

Dieses Buch vermittelt theoretische Grundlagen und praktische Tipps für den TTB, die 10-Minuten-Aktivierung und die Leitung einer Gruppe. Der beiliegende Fächer mit seinem ganzheitlichen Übungsprogramm ist praktisch, klein und handlich und so immer parat.

Übungen und Lösungen stehen zusammen, sodass Sie nicht umständlich nachschlagen und suchen müssen. Die Farben der Fächerseiten weisen auf bestimmte Übungsbereiche hin, und die Logos machen deutlich, ob sich eine Übung eher für eine Gruppenstunde oder auch für den TTB, die 10-Minuten-Aktivierung, also die Arbeit mit einzelnen Personen besonders gut eignet.

»Das Alter
Man sagt von ihm, dass es gesegnet sei und weise!
Doch da erheben sich bei mir gleich Zweifel leise.
Wir wollen nichts besonderes sein,
gehegt, gepflegt und doch allein.

Und haben im Gesicht wir auch schon Falten,
sind wir – so meine ich – noch lange nicht die »Alten«.
Der Lehnstuhl soll nicht unser einziges Möbel sein;
dazu sag ich ganz einfach »NEIN«!
Wir möchten weiterhin nur Menschen unter Menschen sein.

Wenn auch der Gang nicht mehr so schnell,
das Auge strahlt nicht mehr so hell,
so haben wir doch jederzeit
im Herzen noch Wünsche und Träume bereit.
Sie sollen auch bleiben, so lange wir leben,
weil sie uns die Kraft für den Alltag geben.«

MARIA MEISNER[3]

---

1 Vgl. Kiefer, B.; Rudert, B. (2007). Der therapeutische Tischbesuch. TTB – die wertschätzende Kurzzeitaktivierung. Vincentz Network, Hannover

2 Vgl. Schmidt-Hackenberg, U. (2009). Wahrnehmen und Motivieren: Die 10-Minuten-Aktivierung für die Begleitung Hochbetagter. Vincentz Network, Hannover

3 Frau Meisner hat mir ihre Gedichte vor langer Zeit zur Verfügung gestellt, nicht für dieses Buch. Sie waren in meinen Karteien (Borgmann Verlag) abgedruckt. Frau Meisner lebt leider nicht mehr.

1 WAS IST DAS GANZHEITLICHE GEHIRNTRAINING (GGT)?

Der Schweizer Pädagoge und Sozialreformer Johann Heinrich Pestalozzi betonte bereits im 18. Jahrhundert, wie wichtig es ist, den Menschen in seiner Ganzheit zu sehen und beim Lehren und Lernen darauf zu achten, dass geistige, körperliche und seelische Kräfte miteinander in Verbindung stehen. Seine Devise lautete: Entwicklung und Lernen sind dann am erfolgreichsten, wenn sie mit Kopf, Herz und Hand erfolgen.

Anregung und Förderung für den ganzen Menschen

Beim Ganzheitlichen Gehirntraining geht es um den ganzen Menschen, um die Anregung und Förderung seiner geistigen und körperlichen Fähig- und Fertigkeiten, um das Wecken von positiven Gefühlen und Interessen und um die Aktivierung des Körpers. Die Übungen machen u. a. deutlich, dass positive Gefühle und Lachen eine wichtige Rolle spielen und dass Bewegung und Entspannung zum Konzept gehören.

Dem älteren und alten Menschen geht es in der Regel um die Lösung bzw. Bewältigung von Alltagsproblemen und um die Erinnerungen aus dem Langzeitgedächtnis. Er hinterfragt den Sinn seines Handelns, will die Zusammenhänge verstehen und eine persönliche Bedeutung darin erkennen. Ein Gedächtnis- oder Gehirntraining, bei dem es nur um das Merken langer Zahlenreihen oder sinnloser Wortreihen geht, kann das Interesse nicht wecken oder erhalten.

Das Ganzheitliche Gehirntraining (GGT) geht einen anderen Weg. Es weckt das Interesse am Leben allgemein, die Freude am Dasein, am Miteinander. Körper, Geist und Seele bilden eine harmonische Einheit. Alltagsprobleme, negative Gedanken, körperliches Missempfinden treten in den Hintergrund, weil die Teilnehmer sich für etwas begeistern und sich intensiv damit beschäftigen. »Immer, wenn wir etwas erleben, das besser ist als wir es erwartet hatten, gelangen nicht nur Endorphine, das sind gewissermaßen hausgemachte Opiate, ins Frontalhirn, sondern auch Dopamine, und damit wird unsere Aufmerksamkeit online geschaltet.«[4] Auf diese körpereigenen Botenstoffe setzt auch das Ganzheitliche Gehirntraining, das Übungen in den folgenden Bereichen bietet:

1. Impulse & Erinnerungen
2. Wahrnehmung & Konzentration

[4] Beyreuther, A. (2010): »T-Shirts für China nähen!. Interview mit Manfred Spitzer und Wulf Bertram. In: Fachbuchjournal Mai/Juni 2010, Ausgabe 3, S. 33, Dinges & Frick Gmbh, Wiesbaden

3. Wortspiele
4. Sprüche & Redewendungen
5. Lieder
6. Dichter & Gedichte
7. Gedächtnis & Kreativität
8. Wissen & Erfahrung
9. Bewegung & Pantomime

Diese Übungsbereiche sorgen dafür, dass möglichst viele Gehirnfunktionen aktiviert und trainiert werden. Das Zusammenspiel dieser Funktionen verbessert die geistige Leistungsfähigkeit. Da Erfolgserlebnisse zu mehr Sicherheit und Selbstvertrauen beitragen, kommt es zu einer intensiveren Kommunikation und zu mehr Aufmerksamkeit, Interesse und Aktivität im Alltag.

»Gehirntraining, was ist denn das?
Vor allem macht es erst mal Spaß!
Es ist nicht tierisch ernst gemeint,
eher vergnüglich wie mir scheint.

Die grauen Zellen faul und träge
werden flott und wieder rege,
dürfen nicht mehr im Halbschlaf ruhn,
sie müssen wieder etwas tun
und lernen besser zu reagieren,
sich nicht in Untätigkeit zu verlieren.

Da fragt sich mancher, wie mache ich das bloß?
Doch das Angebot ist hier wirklich groß.
Man kann raten, verändern, Gedichte machen
und lauter solche netten Sachen.

Man sucht Städte, die nur eine Silbe haben
und Künstlernamen, die groß und erhaben.
Man erzählt Geschichten und entdeckt
fast in jedem Satz ist ein Blümchen versteckt.

10 verschiedene Sachen bekommt man gesagt,
und wird man dann danach gefragt,
muss man sie der Reihe nach wieder sagen.
Da muss man sich schon etwas plagen.

Es gibt noch viele Möglichkeiten,
die Lust und Freude bereiten.
Und geht auch mal etwas daneben,
na ja, das ist nicht schlimm,
dann lacht man eben.«

MARIA MEISNER

1.1 Welche Wirkungen hat ein GGT?

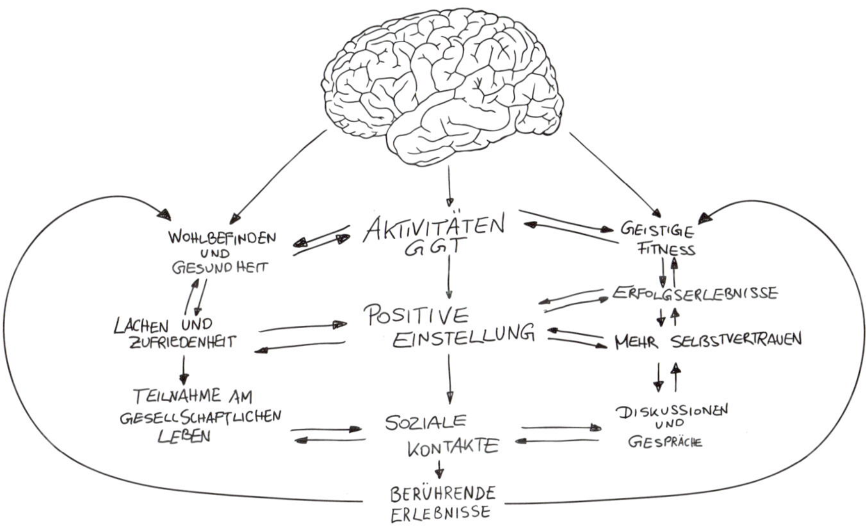

Abb. 1: Wirkung des GGT.

Die Wirkungen des Ganzheitlichen Gehirntrainings bestehen in einer grundsätzlichen Aktivierung der Gehirnzellen. Gespeicherte Informationen sind schnell gezielt abrufbar und neue Informationen werden fest und sicher gespeichert. Zudem wird das Arbeitsgedächtnis verbessert und es bilden sich neue Verbindungen zwischen den Nervenzellen. Denkfähigkeit, Konzentration und Merkfähigkeit erhöhen sich merkbar. Da die Geschwindigkeit der Informationsverarbeitung zunimmt, werden die »fluiden« Gehirnfunktionen gestärkt, die sowohl genetisch beeinflusst werden als auch im direkten Zusammenhang mit Alterungsprozessen stehen. Das Gehirn und die übrigen Organe des Körpers werden besser durchblutet. Der Hirnstoffwechsel wird angeregt, es kommt zur Ausschüttung von »Luststoffen« (Endorphinen) im Gehirn.

Ein Ganzheitliches Gehirntraining bringt also nicht nur das Gehirn in Schwung, sondern sorgt auch für einen erfreulichen Alltag:

- mehr Erfolgserlebnisse
- mehr Sicherheit
- mehr Selbstvertrauen
- ein stärkeres Selbstbewusstsein
- mehr Wohlbefinden durch das Zusammensein in der Gruppe
- mehr Bereitschaft, Kontakte zu knüpfen und am gesellschaftlichen Leben intensiver teilzunehmen
- ein besseres Immunsystem

Vereinsamung und Isolation tun nicht gut

- Stress und Einsamkeit führen zum geistigen Abbau im Alter.
- Stresssituationen schwächen das Immunsystem und machen bestimmte Gehirnbereiche einsatzunfähig.
- Bei zu geringer Beanspruchung verhält sich unser Gehirn wie ein Muskel, es wird schlapp und faul.

Die zum Teil schon aufgegebene Selbstständigkeit stellt sich wieder ein, weil sich die Zahl der sozialen Kontakte erhöht, die älteren Menschen aktiver sind und mehr miteinander ins Gespräch oder sogar in die Diskussion kommen.

GGT macht Spaß

Mit GGT nehmen Menschen stärker am gesellschaftlichen Leben teil, und sie haben ganz einfach mehr Freude am Leben.

Es gibt zunehmend Befunde, die belegen, dass Abbauprozesse des Gehirns durchaus verlangsamt werden, wenn das Gehirn trainiert wird. Bei hirnorganisch gestörten Patienten haben solche Übungen darüber hinaus einen therapeutischen Effekt. Der Mensch besteht eben nicht aus Schubladen, sondern stellt eine Einheit aus Körper, Geist und Seele dar; und so ist es nicht verwunderlich, wenn wir immer wieder auf Wechselwirkungen stoßen.

Wenn man diese Tatsachen bedenkt, wird deutlich, wie wichtig und notwendig ein ganzheitliches Gehirntraining für den alten Menschen ist.

2 LERN- UND LEISTUNGSFÄHIGKEIT IM ALTER

2.1 Lernen ist ein lebenslanger Prozess

Der alte Satz, »Was Hänschen nicht lernt, lernt Hans nimmermehr« stimmt nicht. Tatsächlich kann auch das ältere Hirn durchaus noch lernen. Es kann seine Fähigkeiten erhalten oder sogar verbessern. »Unser Gehirn ist formbar wie ein Muskel. Bereits 10 Minuten tägliches Hirntraining reicht aus, um einen müden Geist wieder in Schwung zu bringen.«[5] Dabei ist weniger an Kreuzworträtsel gedacht, als vielmehr an gezielte Übungen, von denen im Verlauf dieses Buches noch die Rede sein wird.

Hans lernt also genauso gut wie Hänschen, nur anders. Ein Kind lernt spielend mit Fantasie, Gefühlen und allen Sinnen. Aufgrund kaum vorhandenen Wissens, und da die Welt ihm ja noch weitgehend fremd ist, kann es neue Inhalte nur wenig mit Bekanntem verknüpfen und stellt deshalb immer einen Bezug zu sich selbst her. Es verbindet Gegenstände mit Tätigkeiten und lernt handelnd.

Wenn Sie ein vierjähriges Kind fragen: »Was ist ein Stuhl?«, wird es sinngemäß antworten: »Auf einen Stuhl kann ich mich setzen.« Die Antwort des Erwachsenen auf die gleiche Frage lautet: »Ein Stuhl ist ein Möbelstück!« Der Erwachsene abstrahiert. Seine Fantasie ist in Schule und Beruf oft nur wenig gefragt. Gerade das Gegenteil ist der Fall: Es wird in unserer Gesellschaft als Zeichen von Wissenschaftlichkeit und Intelligenz gedeutet, wenn jemand möglichst abstrakt und unverständlich zu formulieren versteht. Dabei ist das Gehirn des Erwachsenen ebenso wie das des Kindes besonders gut ausgerüstet für das Aufnehmen von Bildern und für konkretes, handelndes Lernen.

Hänschen sollte viel lernen, damit Hans gut lernt

»Nach derzeitigem Wissensstand beruht Lernen darauf, dass sich die Kontaktstellen zwischen Hirnzellen die Synapsen verändern. Die neuronalen Verbindungen können sowohl stärker als auch schwächer werden, neue Kontakte können entstehen und bereits bestehende wieder abgebaut werden. In all diesen Fällen verändert sich die Informationsübertragung von einem Neuron zum nächsten.«[6]

Deshalb sollte in jedem Alter möglichst viel gelernt und das Gehirn immer wieder mit neuen Situationen und Aufgaben gefordert werden. »Es ist empirisch nachweisbar, dass die geistige Vitalität im jungen Alter in direkter Relation zum Leistungsabbau

---

[5] Singer, W. (1995). Mehr Kraft im Kopf, in: http://www.focus.de/wissen/wissenschaft/hirnforschung-mehr-kraft-im-kopf_aid_150957.html [Zugriff am 19. April 2010]

[6] Vgl. Gehirn & Geist Nr. 1/2010

im letzten Lebensabschnitt steht. Durch Vererbung und Erziehung und Lernen in der Schule wird das Nervensystem von frühester Kindheit an geprägt. Die Gehirnbereiche, die verstärkt genutzt werden, sind im Vorteil, die anderen sind nicht voll leistungsfähig und sollten regelmäßig aktiviert und trainiert werden. Je älter ein Mensch wird, desto mehr verliert sein Stirnhirn an Funktionsfähigkeit und Volumen, wenn es nicht immer wieder gefordert wird.«[7]

Es kommt nicht so sehr auf das Alter an

Ältere Menschen sind zwar in der Regel langsamer, wenn es um das Lernen geht, aber sie machen meistens nicht so viele Fehler wie jüngere Menschen. Wie schnell jemand lernt, hängt jedoch nicht nur vom Alter, sondern von seiner Kondition, das heißt vom regelmäßigen geistigen und körperlichen Training sowie von der Gesundheit ab. Kopf und Körper wollen bewegt werden, damit das Gehirn leistungsfähig bleibt.

Wer mit älteren Menschen arbeitet, weiß, dass die Bewegung ebenso wichtig ist wie die geistige Anregung. Jede Bewegung fördert die Durchblutung und den Stoffwechsel. Das gilt für den Körper ebenso wie für das Gehirn. Auch hier wirken sich eine bessere Durchblutung und ein höherer Stoffwechsel positiv aus.

Bewegung fördert, stabilisiert und schützt die mentale Verfassung, wirkt Ängsten und Depressionen entgegen. Studien belegen, dass regelmäßige Bewegung nicht nur Herz, Kreislauf und Muskeln stärkt, sondern auch den geistigen Abbau im Alter bremsen kann. Bewegung regt den Aufbau neuer Neuronen an. »Körperliche Bewegung ist eine kostengünstige und wirksame Methode zur Verbesserung der Gesundheit. Darüber hinaus kann körperliche Bewegung auch zur Steigerung der Hirnfitness beitragen. Es ist wissenschaftlich nachgewiesen, dass regelmäßiges körperliches Ausdauertraining die Hirndurchblutung steigert und die Bildung neuer Blutgefäße und Nervenzellverbindungen anregt. Körperliches Ausdauertraining steigert nachweislich Aufmerksamkeit, Denkvermögen und Gedächtnisleistung. Körperliches Training ist ein viel versprechender Ansatz zur Steigerung der kognitiven Leistungsfähigkeit.«[8]

Auch das Gehirn wird älter

Täglich sterben zwar menschliche Gehirnzellen ab, aber mit dem Älterwerden sterben kaum mehr ab als in jungen Jahren; sie schrumpfen jedoch. Neu und rätselhaft

---

7 Der US-Psychologe Warner-Schaie ist Autor einer Langzeitstudie mit 5000 Männern und Frauen zum Thema »Geistige Fitness im Alter«

8 Vgl. http://www.mpib-berlin.mpg.de/de/presse/2009/nutzen-von-hirnjogging-produkten-fraglich.html [Zugriff am 23.07.2010]

ist die Erkenntnis, dass die Schrumpfung des Gehirns nicht, wie man bisher annahm, auf einem massiven Verlust der Nervenzellen (Neuronen) beruht. Tatsächlich büßt der Mensch zwischen voller Hirnentwicklung und Tod nur 10 Prozent seiner Neuronen ein. Der Hirnschwund geht im Wesentlichen auf den Verlust der Myelinschicht zurück. Myelin ist eine weiße Substanz, die die Nervenzellen isoliert. Nur mit Myelin isolierte Nervenfortsätze können Reize ausreichend schnell weiterleiten. Daraus kann man schlussfolgern, dass mit zunehmendem Schwund der Isolationsschicht Myelin die Reizleitung – und damit auch das Denken – langsamer wird.

Sind die Leitungen zwischen den Nervenzellen also gut isoliert, d. h. mit einer Myelinschicht umhüllt, können Informationen nicht nur schneller und störungsfrei, sondern auch mit weniger Energie transportiert werden. »Die Myelinisierung der Leitungen zwischen den Nervenzellen vollzieht sich parallel mit der Entwicklung der Intelligenz. Intelligente Gehirne zeichnen sich durch eine hohe Effizienz aus. Weniger Begabte müssen größere Bereiche des Gehirns aktivieren. Je intelligenter ein Mensch ist, desto weniger Energie verbraucht sein Gehirn. Ein leistungsfähiges Gehirn kann besonders schnell zwischen der Aufnahme neuer Informationen, dem Abspeichern ins Kurzzeitgedächtnis und dem Abruf von Informationen hin- und herschalten. Die Intelligenz wird also maßgeblich von der Verarbeitungsgeschwindigkeit und der Größe des Arbeitsspeichers bestimmt.«[9]

Der Arbeitsspeicher hält Informationen vorübergehend fest und ist unerlässlich für viele geistige Tätigkeiten. Das Arbeitsgedächtnis ist ein flüchtiges Gedächtnis, das immer wieder neu entsteht aus der koordinierten Aktivität verschiedener Hirnregionen.[10]

Warum es so wichtig ist, genügend zu trinken

Die Denkleistung hängt aber nicht nur von geistigen Aktivitäten ab, sondern auch von der Flüssigkeitszufuhr und von der Ernährung. Eine ausreichende Flüssigkeitsversorgung mit Wasser, Kräutertee oder verdünntem Fruchtsaft erhöht Konzentration, Gedächtnisleistung und allgemeine Denkleistung. Auch durch Kaffee, d. h. durch Koffein, verbessern sich kurzfristig Konzentration und Arbeitsleistung des Gehirns.

Eine mangelhafte Flüssigkeitszufuhr kann zu einer zunehmenden Verwirrung führen und damit auch zu einer Fehldiagnose. »Schätzungsweise jede zehnte Alzheimer-Diagnose ist falsch. Die Betroffenen leiden nicht unter Hirndegeneration, sondern sie trinken zu wenig.«[11]

---

9 Aljoscha Neubauer: »Ständiges Training ist nötig«, Interview in Focus Wissen Nr. 47/2003, http://www.focus.de/gesundheit/news/medizin-staendiges-training-ist-noetig_aid_196852.html [Zugriff am 23.07.2010]

10 Vgl. Gehirn & Geist Nr.4/2009

11 Vgl. Gehirn & Geist Nr. 3 2003

Was die Ernährung betrifft so hat z. B. Vitamin C (Kiwi, Sanddorn, Orangen) eine positive Auswirkung auf die Denkleistung. Vor allem Trockenfrüchte, Zitrusfrüchte, Blaubeeren, Nüsse, Gemüse (vor allem Brokkoli) enthalten wertvolle Antioxidantien, die gefährliche Radikale einfangen und damit nicht nur die Körperzellen, sondern besonders die Gehirnzellen schützen.

Omega-3-Fettsäuren (vor allem enthalten in Fisch) stellen einen weiteren Gefäßschutzstoff dar und bewahren vor geistigem Verfall. Die mediterrane Küche mit viel Gemüse, Olivenöl, Fisch reduziert das Alzheimer-Risiko. Ab und zu ein Gläschen Rotwein schützt die Gehirnzellen.[12] Ob ein Extrakt aus Gingko biloba das Gedächtnis alter Menschen verbessert, ist wissenschaftlich bislang nicht eindeutig bewiesen.[13] »Um in der Balance zu bleiben, benötigt das Gehirn fortwährend Mineralien, Aminosäuren, Vitamine und ein wenig Fett – wie sie in einer ausgewogenen Diät mit viel Gemüse, Hülsenfrüchten, Obst, Fisch und gelegentlich Fleisch vorkommen. Vor allem benötigt es ausreichend Energie und Wasser. Bei Kindern im Ruhezustand verbraucht allein der Denkapparat bis zu 50 Prozent der mit der Nahrung aufgenommenen Energiemenge. Bei Erwachsenen liegt der Wert bei 20 Prozent. Fehlt der Nachschub, lassen die Denkleistung und die Konzentration rasch nach.«[14]

Dennoch lohnt es sich, bei leichten und mittleren Formen von Hirnleistungsstörungen nach dem ABCD-Modell vorzugehen:
A = Arzneimittel
B = Bewegungstherapie
C = Cerebrales Training
D = Diät

Use it or loose it
»Hirnleistungen nehmen mit zunehmendem Alter zwar ab, jedoch nicht auf allen Ebenen und gravierend erst ab einem späten Zeitpunkt. Hirnleistungsübungen wie Gedächtnistraining und Kompetenz-Training können dazu beitragen, die Hirnfunktionen älterer Menschen zu verbessern. Unter einer Kombinationstherapie aus Gymnastik und Denktraining potenziert sich der günstige Effekt des Ganzheitlichen Hirntrainings.«[15]

Die unterschiedlichen Stimmen aus Fachkreisen zeigen, dass sich die Wissenschaftler heute noch nicht einig sind, ob die Leistungsfähigkeit grundsätzlich mit zunehmen-

---

[12] Vgl. Gehirn & Geist Nr. 10/ 2008
[13] Vgl. http://www.mpib-berlin.mpg.de/de/presse/2009/nutzen-von-hirnjogging-produkten-fraglich.html [Zugriff am 23.07.2010]
[14] http://www.focus.de/gesundheit/news/neurowissenschaft-genialer-speiseplan_aid_209402.html [Zugriff am 23.07.2010]
[15] Aus einem Vortrag von Prof. Dr. Wolf D. Oswald, Institut für Psychogerontologie, Universität Erlangen

dem Alter kontinuierlich abnimmt oder ob sie erst nach dem 80. Lebensjahr verstärkt sinkt. Positive Umwelteinflüsse, Hirntraining und andere Aktivitäten sorgen dafür, dass der Abbau der Leistungsfähigkeit verlangsamt wird und geistige Fitness bis ins hohe Alter erhalten bleiben kann.

Bewiesene Tatsachen zur geistigen Leistungsfähigkeit im Alter

- Die Ausprägung der geistigen Vitalität in jungen Jahren steht in direktem Verhältnis zum Leistungsabbau im Alter stattfindet.
- Auch im Alter können noch neue Nervenzellen und Verbindungen gebildet werden.
- Der Mensch verliert in seinem Leben nur ca. 10 Prozent der Neuronen, aber im Verlauf des Älterwerdens kommt es zu einem Verlust der Myelinschicht der Nervenleitungen, was zu einer Verlangsamung des Denkens und einer Beeinträchtigung des Arbeitsgedächtnisses führt.
- Die Geschwindigkeit und Tiefe der Informationsverarbeitung wird im Alter geringer.
- Stoffwechselvorgänge laufen mit zunehmendem Alter langsamer ab.
- Es kommt im Alter zu erhöhter Störanfälligkeit, erhöhter Unsicherheit und erschwertem Lernen unter Zeitdruck.
- Das Langzeitgedächtnis wird im Alter stärker aktiviert.
- Ultrakurzzeitgedächtnis und Kurzzeitgedächtnis lassen nach, da der Speicherungsprozess länger dauert und viele Informationen wieder verloren gehen.
- Ältere Menschen benötigen für die Aneignung neuen Lernstoffes mehr Zeit und mehrfache Wiederholungen.
- Vergesslichkeit kann körperliche, stressbedingte und psychische Ursachen haben.
- Eine zu geringe Flüssigkeitsversorgung vermindert die geistige Leistungsfähigkeit.
- Die Vertrautheit des Trainingsmaterials und der Umgebung wird im Alter zunehmend wichtiger.
- Die Strukturierung von Texten und Übungen ist erschwert.
- Die Motivation, sich mit neuen Dingen zu beschäftigen lässt im Alter oft nach.
- Die Erfahrungen im Laufe des Lebens sind mitentscheidend für die kognitive Leistungsfähigkeit im Alter.
- Durch ein regelmäßiges, gezieltes Training entstehen neue Verbindungen zwischen den Gehirnzellen, die allgemeine Denkfähigkeit und das Kurzzeitgedächtnis verbessern sich.

2.2 Studien zur geistigen Leistungsfähigkeit im Alter

Eine Vielzahl wissenschaftlicher Studien befasst sich mit der geistigen Fitness im Alter. Im Folgenden stelle ich Ihnen ein paar Beispiele vor

SIMA

Die Abkürzung **SiMA** steht für »Bedingungen der Erhaltung und Förderung von Selbstständigkeit im höheren Lebensalter.« Die gleichnamige Akademie veröffentlicht auf ihrer Website Ergebnisse ihrer 1991 begonnenen Studie. Teilgenommen haben 375 Personen, die zu Studienbeginn zwischen 75 und 93 Jahre alt waren. Prof. W. Oswald, Dr. R. Rupprecht und Bernd Hagen sagen: »Eine Kombination aus Gedächtnis- und Bewegungstraining wirkt dem Hirnalterungsprozess entgegen, verbessert die Gedächtnisleistungen, fördert die Selbstständigkeit, und verbessert und verzögert leichte dementielle Symptome.«[16]

Uniklinik Hamburg

In einer Pressemitteilung vom 9. Juli 2008 zu einer Studie des **Universitätsklinikums Hamburg-Eppendorf** heißt es: »Auch Gehirne älterer Menschen können noch wachsen«. Dr. Arne May schlussfolgerte: »Auch und gerade für ältere Menschen ist es daher wichtig, neue Herausforderungen zu meistern und Neues zu lernen«.[17] An dieser Studie nahmen 44 Personen im Alter von 50 bis 67 Jahren teil. Bei allen wurden positive Veränderungen im Hirn festegestellt. Dieses Wachstum in bestimmten Hirnregionen wurde durch das Erlernen von Jongliertechniken beeinflusst.

Pennsylvania State University

Im Rahmen einer **Langzeitstudie in den USA** testete der Psychologe K. Warner Schaie von der Pennsylvania State University insgesamt 5000 Männer und Frauen über einen Zeitraum von 35 Jahren immer wieder. Die Ergebnisse: Ab ca. 60 Jahren verschlechtern sich die geistigen Fähigkeiten zwar, doch nur bei denen, die ohnehin als geistig träge galten, setzte ein gravierender Leistungsabfall des Gehirns ein. Schaie stellt damit die geistige Vitalität in jungen Jahren in den direkten Zusammenhang zur geistigen Fitness bzw. zum Leistungsabbau im Alter.[18]

---

16 http://www.sima-akademie.de/pdfs/SIMA-50+_in_Stichworten_2-2007.pdf, Institut für Psychogerontologie der Universität Erlangen-Nürnberg, 2001 [Zugriff am 23.07.2010]

17 http://www.uke.de/medien/index_50876.php [Zugriff am 23.07.2010]

18 Vgl. http://www.focus.de/wissen/wissenschaft/hirnforschung-mehr-kraft-im-kopf_aid_150957.html, FOCUS Nr. 4, 1995 [Zugriff am 23.07.2010]

BASE

Die Berliner Altersstudie (BASE) von Prof. Paul B. Baltes, Dr. Karl Ulrich Mayer, Hanfried Helmchen und Prof. Dr. E. Steinhagen-Thiessen ist eine deutsche multi- und interdisziplinäre Studie von 1989. Geklärt werden sollten im Rahmen dieser Studie Fragen zum differentiellen Alterns-Begriff, Kompetenzen und Handlungsreserven älterer und hochaltriger Menschen. Teilgenommen haben 516 Berliner im Alter zwischen 70 und 103 Jahren. Diese Studie kam zu dem Schluss: »Sämtliche geistigen Fähigkeiten bilden sich ab einem bestimmten Alter gleichmäßig zurück. Die Sinnesleistung ist bei hochbetagten Menschen ein Maßstab für die Intelligenz.«[19] Als mögliche Ursachen dafür werden die fehlende Anregung aufgrund der Altersschwäche der Sinnesorgane, eine allgemein abnehmende Leistungsfähigkeit des Gehirns und die Erschöpfung der Ressourcen genannt.

Max-Planck-Institut für Bildungsforschung in Berlin

Ulman Lindenberger, Direktor am Max Planck-Institut und Träger des Leibniz-Preises 2010 konnte nachweisen, dass das geistige Leistungsniveau älterer Menschen nicht durch natürliche Vorgaben wie das Alter festgelegt wird, sondern durch eigenes Handeln verändert und damit auch verbessert werden kann. Wahrnehmung, Denken und Gedächtnis im Alter sind demnach in hohem Maße von körperlichen, emotional-motivationalen und sozialen Faktoren abhängig. Diese Erkenntnisse der Grundlagenforschung haben rasch Eingang in Praxisprogramme gewonnen und sind gerade angesichts des demografischen Wandels von eminenter gesellschaftspolitischer Bedeutung.«[20]

Fazit

Alle Studien weisen darauf hin, dass der Altersabbau durch Forderung und Förderung verlangsamt werden kann und dass viele eingeschränkte Fähigkeiten durch ein gezieltes Training zum Teil oder ganz wieder hergestellt werden können. Solche Studien sollten jeden motivieren, der als Gruppenleiter, Pflegekraft oder ehrenamtlicher Helfer mit älteren Menschen arbeitet.

---

19 Vgl. Baltes, P. B.; Mayer, K. U. (Hrsg.) (1999). The Berlin Aging Study: Aging from 70 to 100. New York

20 http://idw-online.de/pages/de/news347510 [Zugriff am 23.07.2010]

3 DAS GEHIRN IST FLEXIBEL

Denken Sie viel, werden viele Neuronen miteinander verknüpft und Sie denken erfolgreicher. Sind Sie denkfaul oder zu routiniert, bilden sich die Schaltstellen zwischen den Neuronen = Synapsen zurück, und der IQ sinkt. Ein Mensch denkt mit 99 Jahren noch mit denselben Gehirnzellen, die er bereits als Säugling genutzt hat. Gehirnzellen und Verbindungen sind erneuerbar allerdings mit zunehmendem Alter langsamer. Das Gehirn ist also auch im Alter noch plastisch!

»Über das alternde Gehirn weiß man noch wenig. Viele Alterungsprozesse, und insbesondere geistige Leistungen, können anders als bislang interpretiert werden: Reduzierte Gedächtnisleistungen zum Beispiel sind nicht zwangsläufig auf das zunehmende Alter zurückzuführen, sondern schlichtweg auf den Nichtgebrauch kognitiver Funktionen.«[21] Denn Studien weisen darauf hin, dass das Gehirn alter Menschen genauso aktiv ist wie das von jüngeren Menschen. [22]

20 bis 30% aller 80-jährigen Menschen schneiden bei Intelligenztests ebenso gut ab wie Personen zwischen 30 und 40 Jahren. Ein reicher zur Verfügung stehender Wortschatz und die damit verbundene Sprachgewandtheit sowie eine emotionale Bereitschaft, sich mit anderen Menschen auseinanderzusetzen, sind eine wesentliche Voraussetzung für die geistige Leistungsfähigkeit im Alter.

Ein regelmäßiges Gehirntraining, das **alle** Gehirnfunktionen fordert, nicht überfordert, bewirkt die Erhaltung eines leistungsfähigen Gehirns bzw. eine Verbesserung. Versuche, die Baltes[23] in Berlin durchführte, ergaben, dass das Gehirn alter Menschen noch über Reserven verfügt, die sich durch ein entsprechendes Training mobilisieren lassen und dass intensive geistige Aktivitäten und lebendige Kontakte zur Umwelt das Gehirn bis ins hohe Alter fit halten können, die Gesundheit und sogar die Lebensdauer positiv beeinflussen.

Dies bestätigt auch der Bildungsforscher Ulman Lindenberger und führt weiter aus »Unsere Vermutung ist die, dass man Denken, Gedächtnis und Aufmerksamkeit direkt trainieren muss, wenn man sie verbessern will. Das könnte bedeuten, in der Breite zu trainieren, also verbale, numerische und figurale Inhalte zu üben. Ein Schwerpunkt sollte auf dem Arbeitsgedächtnis liegen, also auf der Fähigkeit, mehrere Dinge gleich-

---

21 http://www.uzh.ch/news/articles/2010/ueber-das-alternde-gehirn-weiss-man-noch-wenig.html [Zugriff am 23.07.2010]

22 http://www.focus.de/gesundheit/ratgeber/gehirn/news/medizin-alte-sind-genauso-produktiv-wie-junge_aid_477748.html

23 Vgl. Baltes, P.B. & Mayer, K. U. (Hrsg.) (1999). The Berlin Aging Study: Aging from 70 to 100. New York,

zeitig aktiv zu halten und zu verarbeiten. Das hilft beim Verständnis langer Sätze, beim Kopfrechnen und bei der räumlichen Orientierung. Wichtig ist auch, dass der Schwierigkeitsgrad der Aufgaben so gewählt wird, dass sie richtig anstrengend sind – auch bei zunehmenden Leistungen.«[24]

3.1 Gehirnleistungen und Intelligenz

Experten unterscheiden bei den Gehirnleistungen zwischen »fluiden« und »kristalline« Funktionen. Bei den »fluiden« Funktionen geht es um die Geschwindigkeit der Informationsverarbeitung, um die Koordination und den Wechsel von Gedanken und Tätigkeiten. Die fluiden Leistungen sind weitgehend genetisch beeinflusst und stehen direkt im Zusammenhang mit Alterungsprozessen des ganzen Körpers. Bei den »kristallinen« Funktionen steht die Fähigkeit Probleme zu lösen aufgrund von Erfahrungen und angeeignetem Wissen im Vordergrund.

Kristalline Leistungen können bis ins hohe Alter stabil bleiben; ja, sie können sogar noch gesteigert werden, da sie in erster Linie abhängig sind vom Bildungsgrad, von der Vielseitigkeit der Erfahrungen und der sozialen Eingebundenheit.

Wenn von Abbauprozessen geistiger Fähigkeiten die Rede ist, sind vor allem die **fluiden Funktionen** gemeint. Weil die Geschwindigkeit der Informationsverarbeitung im Alter nachlässt, werden sowohl Reaktionen auf neue Gegebenheiten als auch Aufnahme und Verarbeitung von Informationen langsamer und störanfälliger.

Der alte Mensch braucht also mehr Zeit zum Reagieren und zum Lernen und ist schneller überfordert, wenn mehrere Dinge gleichzeitig oder kurz hintereinander zu bewältigen sind. Was das Einprägen von Informationen betrifft, so klagen ältere Menschen vor allem über Probleme beim Erinnern von Namen und über ein generelles Nachlassen des Gedächtnisses im Alltag.

3.2 Nervenzellen & Co.

Die ca. 100 Milliarden Nervenzellen eines Gehirns sind durch ein eng geknüpftes Netz von Leitungen über Schaltstellen (Synapsen) miteinander verbunden. »Das Gehirn ist die Schaltzentrale unseres Körpers, der Ort, wo alle Informationen zusammengeführt werden. Es verarbeitet die unterschiedlichsten Eindrücke und koordiniert alle Bewegungen. Die Kommunikation zwischen den einzelnen Nervenzellen erfolgt dabei auf

24 http://www.focus.de/gesundheit/ratgeber/gehirn/news/medizin-alte-sind-genauso-produktiv-wie-junge_aid_477748.html [Zugriff am 23.07.2010]

verschiedenen hierarchischen Ebenen. Wenn wir beispielsweise mit den Augen etwas wahrnehmen, so wird diese Information nacheinander in etwa zwölf verschiedenen Regionen des visuellen Kortex verarbeitet. Die Weiterleitung der Signale von Zelle zu Zelle erfolgt dabei über elektrische Signale, die Aktionspotentiale.«[25] An den Synapsen kommt es außerdem zu einer chemischen Übertragung von Signalen. Wenn eine Synapse »feuert«, wird ein chemischer Überträgerstoff in den winzig kleinen Spalt zwischen Synapse und der nächsten Nervenzelle freigesetzt und reizt die Rezeptoren auf der Membran dieser Zelle. Dadurch wird ein neuer elektrischer Impuls erzeugt, der dann von der Nervenzelle weitergeleitet wird.

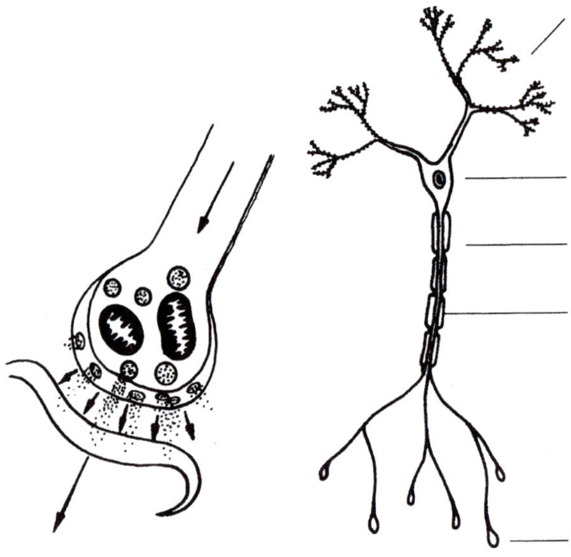

Abb. 2: Der Aufbau von Synapse (links) und Neuron (rechts).

»Unsere Erfahrungen machen uns zum Individuum, sie formen unsere Persönlichkeit. Unser Gedächtnis bewahrt sie auf, sodass wir sie immer wieder hervorholen können – auch noch nach 60 oder 70 Jahren. Gedächtnis existiert in verschiedenen Bereichen des Gehirns. Es entsteht durch die Aktivität der zehn Milliarden miteinander verschalteter Nervenzellen, der Neuronen.«[26]

---

25 http://www.mpg.de/bilderBerichteDokumente/dokumentation/pressemitteilungen/2010/pressemitteilung20100125/ [Zugriff am 23.07.2010]

26 http://www.3sat.de/page/?source=/nano/cstuecke/19556/index.html [Zugriff am 23.07.2010]

Im Gehirn gibt es keine starre Ordnung. »Das neuronale Netzwerk verändert sich ständig, wenn unser Gehirn aktiv ist. Damit ist auch die Vorstellung eines statischen Gehirns überholt: Die synaptischen Verbindungen ändern sich fortwährend – je nach neuronaler Aktivität.«[27] Und auf die Aktivität kommt es an. So sagt der Hirnforscher Ernst Pöppel: »Geistige Aktivität ist die beste Prävention für Gedächtnisprobleme. Ich sage: Lerne jeden Tag ein Gedicht auswendig. Ein besseres Gedächtnistraining gibt es nicht.«[28]

Wie aber funktioniert die Erinnerung? Auch hier haben die Forscher inzwischen herausgefunden, dass das Gehirn vieles nur reduziert aufnimmt, sozusagen energiesparend arbeitet. Besonders eindrücklich sind dabei alle Erinnerungen, die mit Emotionen verbunden sind. Je starker die Emotion, umso stärker ist die Erinnerung.[29] So ist es nicht verwunderlich, dass Erfahrungen und Erlebnisse aus der Kindheit besser erinnert werden als die Zutaten zum gestrigen Mittagessen.

Testen Sie sich!

Was fällt Ihnen zu dem Begriff »Rose« ein? Duft, Stacheln, blutrote Farbe, Garten? Oder als allererstes Ihre Großmutter, die Rosen liebte oder das Lied »La vie on rose«, weil es »Ihr Lied« ist?

Manches erreicht nicht einmal das Gedächtnis, weil es als unbedeutend eingestuft wird. Anderes mag unbedeutend erscheinen, wird aber »unvergesslich«, wie die Namen von Comicfiguren, die man als Kind einfach toll fand und die mit der Erinnerung an einen gemütlichen Schmökernachmittag verbunden sind. Negative Erinnerungen können regelrecht vergessen werden, weil der Schmerz, den sie hervorrufen, zu belastend ist. Das Gehirn schützt sich oft sozusagen selbst.

Bei Stress kommt es zu Denkblockaden. Eine bestimmte Erinnerung ist unmöglich (der gefürchtete Blackout während einer Prüfung). Zeitdruck, Überforderung, Lärm, Sorgen, Probleme behindern das Speichern von Informationen und verhindern oft das Abrufen gespeicherter Informationen.

---

27 Ebd.

28 http://www.welt.de/wissenschaft/article1938562/Warum_wir_uns_gern_falsch_erinnern.html [Zugriff am 23.07.2010]

29 Ebd.

3.3 Zwei Gehirnhälften arbeiten zusammen

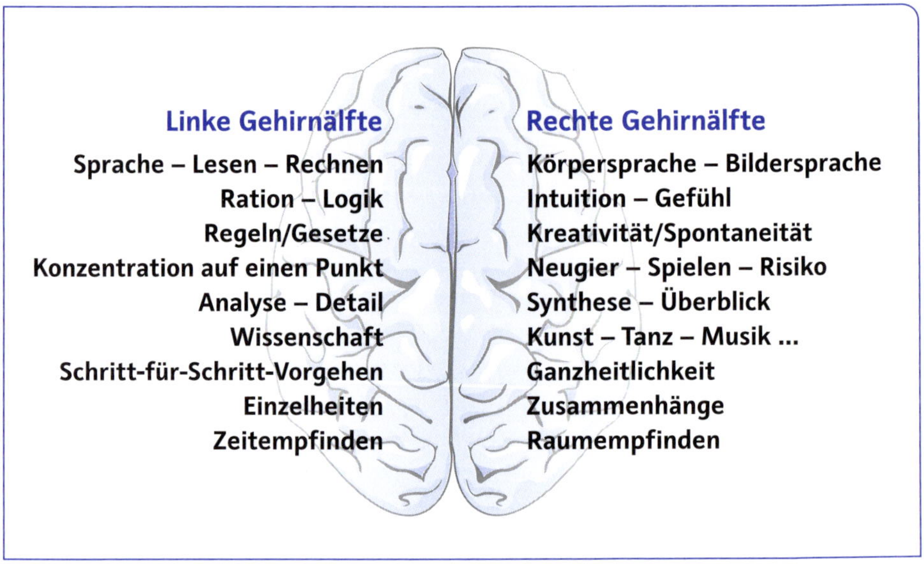

Abb. 3: Die Gehirnhälften und ihre Arbeitsteilung. (vgl.: Oppolzer, U. [2010]. Super lernen. humboldt Verlag, Hannover.) © vectorsmartini – Fotolia.com

Wie die obige Zeichnung deutlich macht, besteht unser Gehirn aus zwei Hälften, die durch ein Bündel von Nervenfasern, das »corpus callosum«, miteinander verbunden sind. Das »corpus callosum« fungiert als eine Art Brücke und sichert die Zusammenarbeit der beiden Hälften. Über die Funktionsweise des Gehirns streiten die Wissenschaftler seit Jahrzehnten. Mit immer neuen bildgebenden Verfahren werden immer neue Geheimnisse enträtselt – und noch mehr Rätselhaftes entsteht. Ist von den beiden Gehirnhälften die Rede, so lässt sich vereinfacht Folgendes sagen: Während die linke Hemisphäre überwiegend für analytisches Denken, für Sprache und Logik zuständig ist, ist die rechte Hemisphäre verantwortlich für das visuelle Gedächtnis, die Orientierung im Raum, Kreativität, Gefühle und Emotionen sowie für das Körperbewusstsein, das Erkennen von Gesichtern und das Erinnern von Erlebnissen.

LINKS und RECHTS scheinen dem Dualitätsprinzip von TAG und NACHT, YIN und YANG, VERSTAND und INTUITION, LOGIK und KREATIVITÄT zu entsprechen.

Bei Denk- und Lernprozessen ist es wichtig, dass beide Gehirnhälften harmonisch zusammenarbeiten. Dies können sie jedoch nur, wenn der Informationsfluss, der über das corpus callosum beide Hemisphären miteinander verbindet, immer wieder aktiviert wird. Das Gehirn kann tatsächlich maximal zwei Dinge zur gleichen Zeit machen – das vielversprechendste, aktive Ziel und ein zweites im Wartezustand. Alle anderen gehen im Konkurrenzkampf der Neuronen unter. Französische Forscher fanden heraus, dass die Gehirnhälften die Arbeit aufteilen, sobald parallel ein zweites Ziel verfolgt werden muss. Die linke Hälfte halte die Motivation für Aufgabe eins im Hintergrund parat, während ihr rechtes Pendant die Ausführung der zweiten Aufgabe vorantreibe.[30] So viel zum gelobten Multitasking, oder einfach gesagt: Das Gehirn ist nicht multitasking-fähig.

Überlassen wir das Multitasking den Computern und wenden wir uns dem zu, was häufig als »Synchronisation der Gehirnhälften« bezeichnet wird.

3.3.1 Die linke Gehirnhälfte

Auch hier bitte ich wieder um Nachsicht, denn der folgende Text ist stark vereinfacht, denn wir wollen hier nun ein paar Basisdaten nennen, auf denen das Ganzheitliche Gehirntraining beruht. Basisdaten, die wissenschaftlich relativ gesichert sind.

Die linke Gehirnhälfte wird bei Rechtshändern im Alltag weit mehr gefordert als die rechte. Zum einen, weil sie die Bewegungen der rechten Körperseite mit dem Kleinhirn zusammen steuert, das Sprechen und das logische Denken ermöglicht. Damit der Wortschatz jederzeit abrufbar ist und die Sprachgewandtheit erhalten bleibt bzw. verbessert wird, sollte die linke Gehirnhälfte regelmäßig aktiviert und trainiert werden. So kann vorhandenes Wissen hervorgeholt und optimal genutzt werden. Fordern wir die linke Hirnhälfte nicht, verschwinden kaum benutzte Wörter in der Versenkung, das heißt sie sind nicht parat, nicht griffbereit, wenn wir sie brauchen. Ein Wort liegt uns vielleicht auf der Zunge, aber es kommt nicht heraus.

Da soziale Kontakte im Alter oft reduziert sind und Gespräche und Diskussionen zu bestimmten Themen nicht mehr in der Häufigkeit geführt werden wie früher, kommt der vorhandene Wortschatz nicht mehr ausreichend zum Einsatz. Er kann nicht zur Unterstützung des Merkprozesses bereitstehen und die Informationsverarbeitung in der Unterhaltung wie auch bei Vorträgen usw. dauert entsprechend lange.

Die Erfahrung in den Gruppen zeigt, dass Wort- und Buchstabenspiele sowie Reimfindungen, bei denen es zu kreativen, lustigen Neuschöpfungen kommt, sehr beliebt sind. Werden kleine Geschichten und lustige neue Wörter kreiert, neue Verwendungsmöglichkeiten für bekannte Gegenstände erfunden, vielfach gereimt und die bildhafte Vorstellungskraft trainiert, so wird auch die rechte Gehirnhälfte intensiv aktiviert und damit gestärkt.

---

30 http://www.gehirn-und-geist.de/artikel/1029309&_z=798884

3.3.2 Die rechte Gehirnhälfte

Die Aufgabenverteilung in den beiden Gehirnhälften zeigt, wie notwendig das Training – speziell der oft vernachlässigten rechten Gehirnhälfte – ist, um die Gesamtleistung des Gehirns zu erhöhen. In der rechten Gehirnhälfte sind visuelles Gedächtnis, Orientierungssinn, Kreativität, Gefühle und Emotionen beheimatet. Die rechte Gehirnhälfte ist für das Körperbewusstsein, das Erkennen von Gesichtern und das Erinnern von Erlebnissen zuständig.

Das Training der rechten Gehirnhälfte kann auf unterschiedliche Weise erfolgen:
- Trainieren der Vorstellungskraft
- Schreiben mit der linken Hand (Nerven der linken Körperseite gehen zur rechten Gehirnhälfte)
- Gymnastik verstärkt mit der linken Körperseite machen
- Kreative Tätigkeiten, z. B. Malen, Töpfern, Musizieren, Gedichte schreiben oder Geschichten erzählen

Kreative Übungen für die Aktivierung der rechten Gehirnhälfte (Reimen, Geschichten erfinden oder darüber nachdenken, was man z. B. mit einer Zeitung oder einem Buch noch machen kann, außer sie zu lesen) erfordern Fantasie und stärken somit die Vorstellungskraft.

Bei Assoziationsübungen geht es zum Beispiel darum, zwei Begriffe, die in der Wirklichkeit kaum etwas gemeinsam haben, mit Hilfe der Fantasie so zu verbinden, dass später beim Hören des einen Begriffes der andere automatisch mit auftaucht. Je »verrückter«, das heißt je »merk-würdiger« die Verbindung der beiden ist, desto einprägsamer ist sie.

Beispiel für eine Assoziationsübung

Perlen + Badewanne

Stellen Sie sich vor, Sie wollen ein Bad nehmen, und die Wanne ist mit glitzernden Perlen gefüllt. Sie baden also in kostbaren Perlen.

Nur, wenn beide Hemisphären immer wieder aktiviert werden, gleichermaßen einsatzbereit sind und beim Denken und Merken zusammenarbeiten, sind Konzentration und geistige Leistungsfähigkeit optimal. Aus diesem Grund ist die Stärkung der rechten Seite besonders wichtig, da sie im Alltag oft vernachlässigt wird. Neben Assoziationsübungen und Fantasiereisen wird die bewusste Wahrnehmung wie auch das Behalten durch den Einsatz aller Sinne beim Gehirntraining gefördert.

4 DAS GEDÄCHTNIS

Der amerikanische Psychologe Daniel Schacter meint: »Wir sind Erinnerung.« Mit diesem einprägsamen Titel hat der deutsche Verlag das Buch des Professors für Psychologie an der Harvard Universität überschrieben. »Alles, was uns ausmacht – Sprache, Denken, Kultur oder Erkenntnis, beruht auf der Fähigkeit, Erinnerungen abzuspeichern und abzurufen.«[31]

»Gedächtnis« ist ein Begriff für unsere Fähigkeit, uns etwas zu merken und es in der entsprechenden Situation wieder abzurufen. Es gibt nicht das **eine** Gedächtnis, das seinen Sitz an einer bestimmten Stelle des Gehirns hat. Am Speicherungsprozess sind mehrere Gehirnstrukturen beteiligt: das Limbisches System, der Thalamus, der Hypothalamus, der Hippocampus, die Amygdala und das Großhirn.

Die Millionen von Informationen, die tagtäglich auf uns einstürmen, werden sortiert, im Mandelkern = Amygdala mit Gefühlen versehen und weitergeleitet, mit Hilfe des Seepferdchens = Hippocampus zwischengespeichert, den zuständigen Regionen des Großhirns zugeordnet und schließlich in der linken Gehirnhälfte (z. B. Faktenwissen) oder rechten Gehirnhälfte (z. B. Erlebnisse) langfristig abgespeichert. Fertigkeiten wie Radfahren werden allerdings in den Basalganglien und im Kleinhirn gespeichert.

4.1 Gedächtnisstufen

Ständig strömt eine Flut von Reizen auf uns ein, und es hängt vom Interesse und der Aufmerksamkeit ab, welche individuelle Auswahl wir treffen. Wenn wir alles gleichzeitig aufnehmen und speichern würden, käme es im Gehirn sicher zu einem chaotischen Rauschen und zu einem Zusammenbruch. Wir können nur ca. 16 »Bits« (Bit = Ausdruck aus der Computerbranche für die kleinste Einheit einer Information) pro Sekunde bewusst aufnehmen.

Es gibt in der Literatur mehrere etwas unterschiedliche Gedächtnismodelle. Ich stelle Ihnen hier das Dreistufenmodell von Frederik Vester vor, mit der Ergänzung des Sensorischen Gedächtnisses.

---

31 http://www.focus.de/gesundheit/ratgeber/gehirn/hirnforschung-das-werde-ich-nie-vergessen--_aid_191747.html

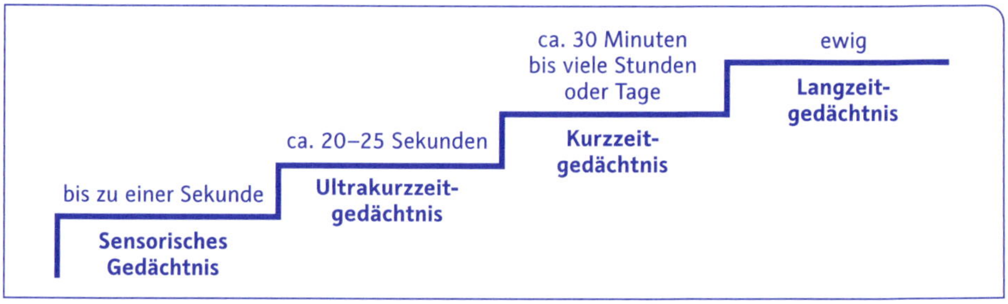

Abb. 4: Die Gedächtnisstufen.

Reize, die von den Sinnesorganen aufgenommen werden, verweilen nur einen Sekundenbruchteil im sensorischen Gedächtnis (Wahrnehmungsgedächtnis), bevor sie vom Ultrakurzzeitgedächtnis (UZG) aufgenommen werden. Das Ultrakurzzeitgedächtnis, in der Literatur oft auch als »Kurzzeitgedächtnis« bezeichnet, kann maximal sieben Informationseinheiten (Bits) aufnehmen. Bringt man nun mehrere Informationen in ein Gedankenbild, sodass sie lediglich ein Bit darstellen, können mehr Informationen gleichzeitig im UZG verarbeitet werden.

Die Verweildauer im UZG beträgt zwischen 20 und 30 Sekunden. In dieser Zeit müssen Assoziationen (Gedankenverbindungen) gefunden und an bereits bekanntes Wissen anknüpfen, bevor eine Aufnahme in das mittelfristige Gedächtnis, den Zwischenspeicher, gelangen. Durch mehrfaches Wiederholen der Informationen verfestigen sich die Verbindungsmuster der Neuronen im Gehirn. Es kommt schließlich zu einer permanenten Speicherung im Langzeitgedächtnis. Werden Informationen dem Gehirn aber nur einmal angeboten, zerfallen die Verbindungsmuster und die Informationen fallen dem Vergessen anheim, es sei denn, sie sind mit viel Gefühl verbunden.

In wissenschaftlichen Abhandlungen finden Sie zum Beispiel auch das Multispeichermodell von Waugh & Norman und Atkin & Shiffrin:

Sensorisches Gedächtnis = Wahrnehmungsgedächtnis

- Ultrakurzzeit- und Kurzzeitgedächtnis = Primäres Gedächtnis mit begrenzter Kapazität und begrenzter Dauer
- Langzeitgedächtnis = Sekundäres Gedächtnis mit unbegrenzter Kapazität und Dauer

Die Begriffe für die Gedächtnisstufen werden nicht einheitlich verwendet

Das Kurzzeitgedächtnis meint entweder das Ultrakurzzeitgedächtnis (vgl. Frederik Vester) oder das Mittelfristige Gedächtnis, den sogenannte Zwischenspeicher. Dieser Zwischenspeicher wird in einigen Modellen gar nicht erwähnt, bzw. als Phase der Verarbeitung und erhaltenden Wiederholung bezeichnet. Das Sensorische Gedächtnis wird oft als Ultrakurzzeitgedächtnis bezeichnet.

Mit zunehmendem Alter und mangelnder geistiger wie körperlicher Bewegung wird das Arbeitsgedächtnis schwächer, das heißt die Geschwindigkeit der Reizaufnahme und Weiterleitung verringert sich (die fluiden Hirnfunktionen lassen nach) und die Speicherung wird langsamer.

Stoffwechselvorgänge in allen Zellen und damit auch in den Gehirnzellen verlangsamen sich, die Isolierschicht – die Myelinhülle – der Nervenleitungen schrumpft, immer mehr Nachrichten gehen verloren. Je länger der Speicherungsprozess dauert, desto störanfälliger wird er. Neue Informationen drängen nach, werden abgewiesen oder beeinträchtigen den Speicherungsprozess der alten Informationen. Schließlich wird er unterbrochen. Die Nachricht gelangt nicht ins Langzeitgedächtnis und ist verloren, bzw. vergessen. Da sich die Lerngeschwindigkeit ändert, muss ein Lernstoff öfter wiederholt werden, bis er im Langzeitgedächtnis gespeichert wird.

Das Abrufen aus dem Langzeitgedächtnis hingegen wird immer besser. Erinnerungen aus der Kindheit erscheinen oft so klar, als wäre das Ereignis erst gestern gewesen. Das ist zum einen darauf zurückzuführen, dass der ältere Mensch sich in der Regel mehr mit der Vergangenheit beschäftigt, Erinnerungen öfter aktiviert und zum anderen nicht mehr so viele neue Informationen speichert. Der Alltagsstress, der zu vielen Denkblockaden geführt und ganze Erinnerungsbereiche unerreichbar gemacht hat, ist nun vorbei. Das alles führt zu einem besseren Abrufen aus dem Langzeitgedächtnis.

Wenn es also um Gedächtnistraining geht, ist es einerseits wichtig, das Ultrakurzzeitgedächtnis und das Kurzzeitgedächtnis in Schwung zu bringen, damit wieder mehr Informationen aufgenommen werden; andererseits sollte immer wieder das Langzeitgedächtnis angesprochen werden, damit der Teilnehmer freudig Erinnerungen hervorkramen kann und Erfolgserlebnisse erfährt.

Wie das Speichern funktioniert

- Die Speicherung einer Information erfolgt mit vielen Neuronen und hinterlässt Gedächtnisspuren = Engramme.
- Erinnern wir uns an eine Information, werden viele Neuronen aktiviert.
- Ein Neuron ist an der Speicherung mehrerer Informationen beteiligt.
- Neurone, die aktiviert wurden, sind über Stunden, Tage oder Wochen leichter erregbar.
- Die Myelinhülle der Neuriten wird stärker, – die Informationsgeschwindigkeit wird erhöht – desto öfter ein Neuron aktiviert wird.
- Informationen gehen nicht mehr verloren, wenn sie im Langzeitgedächtnis gespeichert sind.
- Informationen im Langzeitgedächtnis können überlagert oder ins Unterbewusstsein abgetaucht sein und damit nicht, oder zumindest nicht spontan, abrufbar.

4.2 Gedächtnisarten

Deklaratives Gedächtnis
1. Episodisches Gedächtnis = Autobiografisches Gedächtnis
2. Semantisches Gedächtnis = Faktengedächtnis

Prozedurales Gedächtnis = Fertigkeitengedächtnis

Man spricht von einem **episodischen oder autobiografischen Gedächtnis**, in dem persönliche Daten und eigene Erfahrungen, die stark mit Gefühlen verbunden sind, gespeichert werden. Das **semantischen Gedächtnis hingegen wird auch Faktengedächtnis genannt, hier befinden sich** die Daten der Außenwelt sowie sprachliche und mathematische Informationen. Der Begriff: »**deklaratives Gedächtnis**« fasst das episodische und das semantische Gedächtnis zusammen. Des Weiteren spricht man von einem **prozeduralen Gedächtnis**, das Fertigkeiten wie Radfahren speichert.

Das Gehirn ist kein Computer

Das menschliche Gehirn funktioniert also nicht etwa wie die Festplatte eines Computers, auch wenn dieses Bild gern bemüht wird. Es speichert nicht einfach Nullen und Einsen, sondern es speichert Interpretationen!

Der Mandelkern = Amygdala und das Seepferdchen = Hippocampus spielen bei der Speicherung eine große Rolle. Sie filtern und sortieren Sinneseindrücke, die dann in der rechten Gehirnhälfte (Biografisches Gedächtnis) oder in der linken Gehirnhälfte (Faktenwissen) abgespeichert werden können. Gefühle spielen eine herausragende Rolle bei der Erinnerung. Positiv besetzte Informationen werden im Hippocampus, negativ besetzte aber in der Amygdala abgespeichert.[32] Je stärker die emotionale Bewertung einer Information ist, desto intensiver ist die Speicherung.

Gedächtnistypen:
3. Verbaler Gedächtnistyp (braucht Wörter)
4. Visueller Gedächtnistyp (braucht Bilder)
5. Motorischer Gedächtnistyp (braucht Handlungen und Bewegungen)

---

32 Vgl. Quernheim, G. (2005): Spielend anleiten und beraten. Urban & Fischer, München, S. 19

4.3 Was beeinflusst unser Gedächtnis positiv?

(Fast) alles wirkt aufs Gedächtnis

- Neugier
- Freude und Begeisterung
- Entspannung und Ruhe
- Ausreichender Schlaf in der Nacht
- Bewegung
- »Brainfood« (Obst, Salat, Nüsse, Mandeln, ...)
- Ausreichendes Trinken
- Detaillierte Wahrnehmung
- Konzentrationsfähigkeit
- Bildhaftes Vorstellungsvermögen
- Großer Wortschatz
- Ganzheitliches Gehirntraining
- Gut funktionierendes Herz-Kreislaufsystem

Der Schlaf spielt beim Abspeichern von Informationen eine ganz besondere Rolle. Wer sich am Abend noch einmal die neuen Namen oder andere Details ins Gedächtnis ruft, kann mit großer Wahrscheinlichkeit damit rechnen, dass diese Informationen im Langzeitgedächtnis landen – während er schlummert und träumt. Schlaf in der Nacht oder ein Nickerchen am Tag helfen beim Merken und die verschiedenen Schlafphasen verstärken die Abspeicherung im Langzeitgedächtnis.

Emotionale Erinnerungen festigen sich vor allem in den Morgenstunden. In den sogenannten REM-Phasen (REM = Rapid Eye Movement) verarbeitet das Gehirn aktiv Eindrücke. Die traumlosen Tiefschlafphasen dienen dagegen der Regeneration. Außerdem findet eine Umorganisation im Gehirn überwiegend in diesen Phasen statt. Solche Anpassungen sind eine Grundlage für Lernen und Erinnern. Gelerntes wird in diesen Phasen festgeschrieben. Im Hippocampus werden Erlebnisse noch einmal abgespielt und eine Erinnerungsspur angelegt, sodass die Informationen wiedergefunden werden können. Dieser Prozess ist entscheidend, damit Erinnerungen verfestigt werden können.[33]

Ein möglicher Grund für Gedächtnisprobleme im Alter ist, dass das Gehirn die neuen Informationen im Schlaf nicht mehr so gut verarbeiten kann, weil der Schlaf flacher ist oder weil es zu Schlafstörungen kommt. Das Gehirn kann sich nicht mehr so gut erholen und regenerieren.

---

33 Vgl. Focus Nr. 47 2003

Die Voraussetzungen für ein gutes Gedächtnis

Wenn das Gedächtnis verbessert werden soll, müssen folgende Hnweise berücksichtigt werden:

- **F**antasie einsetzen
- **A**lle Sinne benutzen
- **R**eihenfolge und Ordnung mit Zahlen und Bildern
- **B**ewegung berücksichtigen
- **E**motionen einbringen
- **N**ummerierung (Verwendung von Zahlen)
- **P**ositive Vorstellungen entwickeln
- **R**eichtum an Farben zu Hilfe nehmen
- **A**ssoziationen = Gedankenverbindungen herstellen
- **C**odes erfinden
- **H**umor zulassen
- **T**iefe Eindrücke (bewusste und konzentrierte Wahrnehmung trainieren)

Auch dies ist ein Trick, sich bestimmte Informationen besser zu merken bzw. sie besser wieder herleiten zu können: Merkworte und Eselsbrücken, die im Gedächtnis bleiben, wie hier durch den Begriff »Farbenpracht«, zusammengesetzt aus den Anfangsbuchstaben der Grundsätze.

Ein besseres Gedächtnis – dank besserer Technik

Die griechische Göttin Mnemosyne ist die Schutzpatronin des Gedächtnisses. Nach ihr nennt man die Gedächtniskunst Mnemotechnik. Aristoteles war der erste Gedächtnisforscher und er schrieb bereits, dass bildhafte Vorstellungen und Emotionen das Abspeichern von Informationen verbessern. »Ein Bild sagt mehr als 1000 Worte«, sagt schließlich auch ein bekanntes Sprichwort.

- Assoziationstechnik
- Kettentechnik
- Geschichtentechnik
- Lokalisationstechnik
- ABC-Technik
- Zahlworttechnik
- Zahl-Merkworttechnik I
- Termin-Technik
- Spiegeltechnik
- Dusch-Technik
- Steintechnik
- Taschen-Trick
- Reim-Technik[34]

---

[34] Vgl. Oppolzer, U. Verflixt, das darf ich nicht vergessen! Bd.3

4.4 Wahrnehmen, Merken und Erinnern

4.4.1 Merken mit allen Sinnen

Über Augen, Ohren und Nase dringen Reize und Informationen direkt in den hochsensiblen Gefühlsfilter des Gehirns. Die Abermillionen Nervenzellen des Emotionszentrums, des Mandelkerns, messen in Sekundenschnelle den Gefühlsgehalt des Erlebten. Je mehr ein Ereignis aufregt, umso leichter speichert es das Gehirn. Hat der Körper bei einer Gipfeltour Endorphine ausgeschüttet, koppelt das Gedächtnis entsprechend viele Glückspunkte an diese Erinnerung. Dann werden diese Informationen im biografischen Gedächtnis, bei Rechtshändern also in der rechten Gehirnhälfte abgespeichert.

Wut, Angst und Trauergefühle, die den Körper mit Stresshormonen überfluten, merkt sich das Gedächtnis entweder besonders stark oder sie werden als Schutzfunktion »abgetaucht« und sind nicht erreichbar. Jede Erinnerung an vergangene Situationen aktiviert automatisch die daran gekoppelten Emotionen. Faktenwissen speichert das Gehirn bei Rechtshändern in der linken Gehirnhälfte.[35]

Mit allen Sinnen lernen

Je mehr Sinne beim Merken eingesetzt werden, desto besser kann das Gehirn speichern und desto leichter fällt später das Abrufen. Diese Erkenntnis führt dazu, dass möglichst oft alle Sinnesorgane zum Einsatz kommen sollten.

Geräusch- und Musikspiele, Tastübungen, das Erkennen und Merken von Düften und Gerüchen, sowie das Schmecken und Erinnern unterschiedlicher Lebensmittel, aber auch das soziale Miteinander, regen die Vorstellungskraft an und unterstützen das Gedächtnis.

Wenn die rechte Gehirnhälfte trainierter ist, können Sinneswahrnehmungen mit Hilfe der Fantasie nachempfunden werden. Aufmerksamkeit, bewusste Wahrnehmung, Konzentration, Entspannung und Interesse sind wichtige Voraussetzungen für einen erfolgreichen Merkprozess. Informationen, mit denen man sich nicht im Laufe der ersten halben Stunde des Trainings durch Wiederholung, bildhafte Vorstellung und Eselsbrücken intensiv beschäftigt, gehen oft zunächst verloren und müssen dann erneut bewusst aufgenommen werden.

35 Vgl. Focus Wissen Nr. 45 2001

Ein wissenschaftlich fundiertes Gehirntraining

Für ein Gehirntraining, das wissenschaftlich fundiert ist und nachhaltig wirkt gibt es zwei Ansätze:

1. Nicht das Gehirn sollte trainiert werden, sondern die Sinnesleistungen. (In der Sprachtherapie bei Kindern wurden damit gute Erfolge erzielt)
2. Aufmerksamkeit, Denken und Gedächtnis sollten direkt trainiert werden. Verbale, numerische und figurale Inhalte sollten geübt werden. Das Arbeitsgedächtnis sollte verbessert werden, damit mehrere Infos gleichzeitig aktiv gehalten und verarbeitet werden können. Der Schwierigkeitsgrad der Übungen sollte so erfolgen, dass es anstrengend ist, die Aufgaben zu lösen.

4.4.2 Probleme beim Wahrnehmen und Erinnern

1. Informationen gehen innerhalb von ca. 20 Sekunden verloren,
weil sie aufgrund beeinträchtigter Sinnesorgane nicht wahrgenommen werden, keinen »Aufhänger« finden (z. B. mangelndes Interesse, Konzentrationsprobleme, Stress) oder zu viele Informationen gleichzeitig ankommen (Reizüberflutung) und die Geschwindigkeit der Reizaufnahme und Reizverarbeitung geringer wird.

2. Informationen gehen innerhalb der ersten Stunden verloren,
weil es während des Speicherungsprozesses im Kurzzeitgedächtnis zu Störungen kommt. Zum Beispiel durch

- gesundheitliche Probleme,
- Verlangsamung der Stoffwechselprozesse,
- Schrumpfung der Isolierschicht der Nervenleitungen,
- zu viele neue Eindrücke oder große Gefühlsregungen
- zu geringe Tiefschlafphasen, in denen Informationen im Langzeitgedächtnis gefestigt werden.

3. Informationen können aus dem Langzeitgedächtnis nicht abgerufen werden,

- weil sie blockiert sind (Stress und große Gefühle können zu Denkblockaden führen),
- weil sie ins Unterbewusstsein verdrängt worden sind (weil sie z. B. mit Ängsten verbunden sind),
- weil sie falsch »eingeordnet« sind,
- weil sie lange nicht aktiviert wurden bzw. überlagert sind,
- weil das Gehirn durch mangelnde geistige Bewegung »eingerostet« ist,
- weil körperliche Ursachen (z. B. Durchblutungsstörungen) die Gehirntätigkeit beeinträchtigen.

»Das Allerwenigste wird wirklich vergessen, das Meiste ist nur nicht erreichbar. ›Vergessen‹ bedeutet eher Überlagerung und Unterdrückung.«[36]

4.4.3 Ursachen des Vergessens

Vergesslichkeit ist oft ein Zeichen von:

- Stress durch Überforderung (Leistungsdruck, Zeitdruck)
- Stress durch Ärger, Angst, Konflikte, Existenzsorgen (»Denkblockaden«)
- Stress durch Überreizung (Fernsehen, Computer, Lärm, …)
- mangelhafter Konzentration
- überlasteten Schaltkreisen (zu viele Informationen gleichzeitig)

Vergesslichkeit kann auch ein Zeichen sein von:

- falscher Ernährung
- zu wenig trinken
- zu wenig Bewegung
- Durchblutungsstörungen
- Schilddrüsenproblemen
- Herzrhythmusstörungen
- Blutdruckunregelmäßigkeiten
- Stoffwechselstörungen
- Nebenwirkungen bestimmter Medikamente
- Zu viel Alkohol und/oder Nikotin

Zu diesen Ursachen kommt hinzu, dass neue Eindrücke jeweils mit alten Informationen konkurrieren und das Gehirn immer wieder entscheiden muss, welche Informationen wichtiger sind, welche nach kurzer Zeit wieder gelöscht werden und welche ins Langzeitgedächtnis gelangen, welche aus dem Langzeitgedächtnis also jederzeit abrufbar sind und welche überlagert werden.

[36] Vgl. Gehirn & Geist Nr. 5 2005

5 GGT IN DER PRAXIS

»Das Gedächtnistraining
Heut' dacht ich mir, erzähl ich mal,
wie aufmerksam in diesem Saal
wir jungen Alten hier so sitzen.
Wir lernen viel und sind begeistert
auch wenn nicht alles gleich gemeistert.

In langen Reihen zeigt man uns
verschiedene Bilder kunterbunt.
Wir speichern sie in unseren Geist.
Doch soll'n wir sie dann wiedergeben
geht manches mal etwas daneben.

Was oben und was unten,
das konnten wir behalten,
doch in der Mitte klafft ein Loch,
ach ja, ach ja, was war es doch?

Wir schreiben Wörter herauf und herunter
und zwischen dem Anfang und dem Schluss
ein neues Wort entstehen muss.
Das ist nicht immer so ganz leicht,
zwischen x und y wird es oft nicht erreicht.

Wir müssen auch neue Wörter entdecken,
in denen sich Pflanzen und Tiere verstecken.
Sogar kleine Romane soll'n wir erzählen,
die unseren Geist schon manchmal quälen.

Bestimmte Buchstaben bestimmen den Inhalt,
Gefühl usw. lassen uns kalt.
Man sieht, unsere Aufgaben sind vieler Art,
uns bleibt auch wirklich nichts erspart,
damit unser Geist sich wieder regt
und Langeweile wird weggefegt.

Noch vieles könnte ich hier sagen,
doch will ich Euch nicht weiter plagen.«

MARIA MEISNER

5.1 Was ist bei der Vermittlung des GGT wichtig?

Die Wirkungen des Gehirntrainings sind nur zu erreichen, wenn es Pfleger, Kurs- oder Gruppenleiter verstehen, die Menschen für dieses Ganzheitliche Gehirntraining zu begeistern. Das können sie jedoch nur, wenn sie selbst voll dahinter stehen, wenn auch sie Freude daran haben, Menschen mögen und gern auf sie zugehen, um sie zu aktivieren und Schritt für Schritt Fortschritte zu erzielen. Nur dann kann der Funke überspringen.

Auf die Atmosphäre kommt es an

Nur wenn deutlich wird, dass es nicht um reines Wissen oder um Leistung geht, sondern vor allem um die Erfahrungen, die der Einzelne einbringt, um seine ganz individuellen Fähig- und Fertigkeiten, wird eine entspannte, vertrauensvolle Atmosphäre entstehen, in der dann gut gefördert und gefordert werden kann.

Entscheidend ist, den Einzelnen dort abzuholen, wo er gerade steht, ihm seine speziellen Fähigkeiten bewusst zu machen und ihm so oft wie möglich Erfolgserlebnisse zu verschaffen. Das ermutigt, auch in anderen Bereichen aktiv zu werden. Die erste Begegnung, die ersten zehn Minuten, entscheiden oft darüber, ob aus Vorurteilen Urteile werden, ob sich ein Teilnehmer angesprochen fühlt oder nicht. Es ist zu wünschen, dass jeder, der in seinem Beruf mit Menschen zu tun hat, seine Arbeit nicht als Job auffasst, sondern als Berufung. Diese Einstellung ist ebenso wichtig für die Vermittlung des GGT.

5.2 GGT für den Einzelnen

Nachdem immer mehr Studien belegt hatten, wie wichtig geistige Aktivitäten im Alter sind, wurden in vielen Alteneinrichtungen »Gedächtnistrainingskurse« angeboten. Zusammen mit dem Psychologen Siegfried Lehrl aus Erlangen entwickelte Bernd Fischer, Präsident der Gesellschaft für Gehirntraining, die Methode des Gehirn-Joggings. Hierbei geht es vor allem darum, das Kurzzeitgedächtnis auf Trab zu bringen. Ein Erwachsener kann im Kurzzeitgedächtnis normalerweise ca. 80 Bits (Ausdruck aus der Computerbranche für kleinste Informationseinheiten) auf einmal unterbringen. Ein geistig trainierter Mensch hingegen schafft 120 Bits. Je größer das Kurzzeitgedächtnis, desto besser die geistige Leistungsfähigkeit.

Die Senioren – etwa 10% der Heimbewohner –, die an derlei Gruppenstunden teilnahmen, waren meist auch diejenigen, die sonst noc h sehr interessiert waren und im Rahmen ihrer Möglichkeiten vieles unternahmen. Doch die alten Menschen, die sich kaum am Geschehen und an der Kommunikation beteiligten und die man gerade deshalb eigentlich erreichen wollte, erreichte man nicht. Es wurden neue Wege gesucht, Menschen hinter dem »Ofen« hervorzulocken, was bei der Überlastung der Pflegerinnen und Pfleger ein Problem darstellte.

Bernd Kiefer, Geronto-Sozialtherapeut, fand während seiner Ausbildung in verschiedenen Alteneinrichtungen eine Methode, um schnell in einen intensiven Kontakt mit den Bewohnern zu kommen. Er entwickelte 1990 den »Therapeutischen Tischbesuch« und schrieb mit der Sozialarbeiterin und Geronto-Sozialtherapeutin Bettina Rudert ein Buch unter dem gleichen Titel, um diese Kurzzeitaktivierung bekanntzumachen.

Definition

»Unter TTB versteht man das systematische und zeitlich kurz begrenzte Aufsuchen von pflegebedürftigen Menschen, unter Einbezug kommunikationsanregender Medien«.[37]

Das Prinzip des TTB
- Intensität
- Individualität
- Systematisches Vorgehen
- Stetigkeit
- Wertschätzende Grundhaltung

Ablauf:
- Intensive Begrüßung
- Kommunikation anregen
- Verabschiedung

Unterstützende Methoden:
- Gesprächstherapie
- Multiple Stimulation

[37] Kiefer & Rudert, a.a.O., Seite 11

Ziele des TTB

Steigerung der Kommunikationsfähigkeit, des Wohlbefindens und damit der Lebensqualität. Minderung von Regression, Unruhe und Aggressionen.[38]

Die Kurzzeitaktivierung TTB beschränkt sich auf nur 1–2 Minuten pro Person. Nach einer wertschätzenden Begrüßung im Stehen erfolgt ein anregender Impuls in Form eines Schlüsselreizes. Ein Gegenstand oder/und ein Satz regen zum Nachdenken und zum Sprechen an. Es werden Elemente der Gesprächstherapie nach Carl Rogers integriert: »Einfühlendes Verstehen wird mithilfe von verbalem und nonverbalem Spiegeln von Aussagen und Bewegungen zum Ausdruck gebracht, eingebettet in positiver Wertschätzung. Entscheidend bei diesem TTB sind nicht die Dauer der Aktivierung, sondern die Intensität, der Durchführung, die Individualität der Zuwendung, die systematische Vorgehensweise und die Stetigkeit der Ausführung.«[39]

Während der TTB nur jeweils 1–2 Minuten in Anspruch nimmt, geht es bei Ute Schmidt-Hackenberg um eine »10 Minuten-Aktivierung« für Hochbetagte. Die Aktivierungstherapeutin schreibt in ihrem Buch »Wahrnehmen und Motivieren«, dass es wichtig sei, den Bewohnern den passenden Schlüssel zu reichen, damit sie die Schatztruhe ihrer Erinnerungen öffnen können. Auch für Ute Schmidt-Hackenberg sind Einfühlungsvermögen und Geduld bei dieser Aktivierung alter Menschen vorrangig. Impulse gibt sie mit Alltagsgegenständen, z. B. Taschentüchern, Wäscheklammern, Papprollen, etc.

Das Ganzheitliche Gehirntraining GGT kann ebenso wie die beiden Kurzzeitaktivierungen mit einzelnen Senioren erfolgen oder in der Gruppe. Die vielfältigen Übungen regen zum Nachdenken, zur Erinnerung an frühere Erlebnisse und zur Kommunikation mit den Mitbewohnern an, geben Erfolgserlebnisse und schaffen damit eine Wohlfühlatmosphäre mit mehr Selbstvertrauen und langfristig zu mehr Selbständigkeit und Aktivität der alten Menschen. Zusätzlich kommt es zu einer höheren geistigen Leistungsfähigkeit.

Mit dem Fächer unterwegs

Der Fächer mit den unterschiedlichen Übungsformen und Abbildungen zur Impulsgebung und für ein Training des Gedächtnisses und des Denkvermögens ist praktisch, klein und handlich. Dadurch ist er immer parat und kann ohne Vorbereitung jederzeit ganz schnell eingesetzt werden.

---

[38] Kiefer & Ruder, a.a.O., Seite 89
[39] Kiefer & Rudert, a.a.O., Seite 111

Die Farben der Fächerseiten zeigen die unterschiedlichen Übungsbereiche und die Piktogramme machen deutlich, ob es sich um eine Übung für die Gruppenstunde und/oder für das Einzeltraining handelt. Übungen und Lösungen stehen zusammen, sodass Betreuer nicht umständlich nachschlagen müssen. Das spart Zeit und Zeit ist gerade für das Pflegepersonal Mangelware.

5.3 GGT in der Gruppe

Ältere Menschen sind oft sehr schwer zu motivieren, an einer Gruppenstunde »Ganzheitliches Gehirntraining« teilzunehmen. Sie fürchten, den Anforderungen nicht gewachsen zu sein oder können sich nicht vorstellen, was dieses »Training« beinhaltet. Viele, nicht nur alte Menschen, haben negative Erinnerungen an die Schulzeit und möchten nichts mehr lernen müssen. Der Gedankengang: Gehirntraining = Lernen = Schule lässt deshalb viele zurückschrecken. Ein anderer Grund für die Nichtteilnahme ist, dass viele Menschen glauben, ein gutes oder schlechtes Gedächtnis und eine nachlassende geistige Leistung seien eine unabänderliche Tatsache.

Der Titel einer Gruppenstunde ist daher entscheidend. Der Begriff »Training« assoziiert häufig Leistung, Anstrengung, Druck und damit Versagensängste. Der Begriff »Spiel« erhält bei alten Menschen, die sich von den Jungen in mancher Hinsicht oft wie Kinder behandelt fühlen und/oder selber das Spielen einzig und allein Kindern zugestehen, eine negative Bedeutung. Es ist wichtig, sich mit den Wünschen, Bedürfnissen und Gefühlen der Zielgruppe intensiv auseinanderzusetzen, um auch jene Menschen zu einer Teilnahme zu bewegen, für die dieses »Training«, diese »Spiele«, besonders notwendig sind.

»Für zaghafte Rater!
Ich habe gedacht, das schaff' ich nie!
Ich bin doch ein Laie und kein Genie.
Doch siehe da, es geht ganz gut,
man braucht dazu nur etwas Mut.

Dann stellt sich auch die Freude ein
an dem Erfolg, mal groß mal klein.
Die grauen Zellen werden munter,
das Leben wird gleich etwas bunter.

Die Langeweile geht vorbei,
der Mensch wird wieder froh und frei.«

MARIA MEISNER

5.3.1 Allgemeine Tipps

Grundsätzliches

- Ihre positive Einstellung und die Begeisterung für das GGT sind entscheidend für den Erfolg.
- Denken Sie immer daran, dass Lachen die beste Medizin ist, dass die Übungen vor allem Spaß machen sollen und ganz »nebenbei« geistig fit halten, das Gedächtnis und die Konzentration verbessern, Fantasie und Kreativität fördern.
- Beachten Sie die grundsätzlichen Regeln, die in einer Gruppe beachtet werden müssen, um für ein angenehmes Klima zu sorgen!
- Die Zusammenarbeit ist wichtiger als der Wettbewerb und wichtig ist nicht das Ergebnis, sondern alle Übungen mitzumachen.
- Gehen Sie auf den Einzelnen ein und nehmen Sie ihn an, wie er ist.
- Seien Sie gut vorbereitet und gleichzeitig flexibel.
- Beachten Sie: Es gibt keine falschen Antworten.
- Lassen Sie den Teilnehmern genügend Zeit.
- Geben Sie keine Lösungen vor. Regen Sie zur Aktivität an.
- Fangen Sie nicht dort an, wo Sie wollen, sondern dort, wo der Schwächste der Gruppe steht.
- Geben Sie zu Beginn einen Überblick darüber, was Sie in diesem Kurs vorhaben.
- Überlegen Sie vorher, ob Sie themenorientiert arbeiten wollen oder nicht.
- Sprechen Sie die Teilnehmer mit Namen an.
- Betonen Sie die Stärken der Teilnehmer und schaffen Sie Erfolgserlebnisse.
- Achten Sie darauf, dass die Übungen am Anfang nicht zu schwer sind, aber wenn Vertrauen entstanden ist, immer schwieriger werden und die Teilnehmer fordern.
- Weisen Sie darauf hin, dass die Übungen im Schweregrad wie auch von der Art her unterschiedlich sind.
- Bei leichten Übungen kann – je nach Gruppe – der Zeitfaktor mit berücksichtigt werden.
- Fördern Sie soziale Kontakte, probieren Sie zum Beispiel Partnerübungen aus und bilden Sie Kleingruppen.
- Üben Sie sich in einer bildhaften Sprache, veranschaulichen Sie so viel wie möglich.
- Achten Sie darauf, dass Sie weder zu schnell, noch zu langsam reden. Vermeiden Sie außerdem weitgehend Fremdwörter und abstrahieren Sie so wenig wie möglich.
- Sprechen Sie mit Ihren Übungen möglichst viele Sinne an.
- Bedenken Sie: Musik und Bewegung spielen eine wichtige Rolle.
- Wenn Sie Stichpunkte mitschreiben wollen, sollten Sie den Teilnehmern erklären, was Sie schreiben und warum, damit sie sich nicht beobachtet fühlen; das Gleiche gilt, wenn Sie ein Diktiergerät einsetzen, um neue Gedanken und Ideen festzuhalten.[40]

---

[40] Oppolzer U. (1998). Hirntraining mit ganzheitlichem Ansatz. verlag modernes lernen

Tipps, die Sie zu einem guten Gruppenleiter machen

- Verstehen Sie sich nicht so sehr als Leiter, sondern als Teilnehmer. Bringen Sie sich also auch menschlich ein und dozieren Sie nicht!
- Seien Sie so aktiv wie nötig und so passiv wie möglich.
- Stellen Sie einen Briefkasten für Anregungen, Wünsche und Kritik auf.
- Seien Sie immer offen für Veränderungen und nehmen Sie das Gruppengeschehen sehr sensibel wahr. Die Gruppe bestimmt das Tempo und weitgehend die Richtung. Gehen Sie auf Vorschläge und Ideen ein und klammern Sie sich nicht an Ihr Konzept. Versuchen Sie, gemeinsam Übungen zu entwickeln.
- Denken Sie an Versagensängste und Sicherheitsbedürfnisse Ihrer Teilnehmer und nehmen Sie Ängste und Einstellungen immer ernst.
- Hat ein Teilnehmer Schwierigkeiten, ermuntern Sie ihn und machen Sie ihm seine Stärken deutlich.
- Beziehen Sie stille Teilnehmer immer wieder mit ein, aber bedrängen und überfordern Sie sie nicht.
- Stimmen Sie einem Sitzplatzwechsel während des Kurses möglichst nicht zu, da einige Teilnehmer dadurch verunsichert werden könnten.
- Notieren Sie nach ca. 10 Gruppenstunden positive und negative Feststellungen. Bereiten Sie z. B. einen Zettel mit konkreten Fragen vor, die Sie selbst durcharbeiten oder von den Teilnehmern beantworten lassen.
- Verleihen Sie nach ca. 10 Gruppenstunden eine »Urkunde« für das Mitmachen und das Durchhalten.

5.3.2 Tipps zur Vorbereitung und für die ersten Stunden

Vor der ersten Gruppenstunde

- Seien Sie möglichst 15 Minuten vor Beginn der ersten Stunde anwesend, um bei Fragen und Kontaktbedürfnissen der eintreffenden Teilnehmer ansprechbar zu sein.
- Bringen Sie, wenn möglich, die Namensliste mit, die Sie sich vorher bereits angeschaut haben.
- Die Gruppengröße sollte zwischen 8 und 12 Teilnehmern liegen, auf keinen Fall größer als 15 sein.
- Die Raumgröße sollte der Teilnehmerzahl entsprechen. Besonders ältere Menschen können nicht zu eng sitzen. Es kommt leicht zu Platzangst und damit sind Konzentration und Aufnahmefähigkeit gestört. Ist der Raum jedoch zu groß, ist die Vertrauensbildung schwierig, da zu viel Distanz zwischen den Teilnehmern bzw. Gruppenleiter und Teilnehmern aufgebaut wird.

- Sorgen Sie im Vorfeld dafür, dass Sie für die Gruppenstunden immer denselben Raum nutzen können. Das ist für das Wohlbefinden und die Sicherheit der Teilnehmer wichtig. Das Training sollte auch immer zur gleichen Tageszeit und am gleichen Wochentag stattfinden. Das führt zu einer positiven Gewöhnung und erleichtert den jeweiligen Einstieg.
- Sorgen Sie für angenehme Lichtverhältnisse.
- Überlegen Sie sich einen Sitzplan, zum Beispiel in U-Form oder im Kreis. Die Anordnung der Tische sollte auf keinen Fall hintereinander erfolgen, da das zu sehr an Schule erinnert.
- Halten Sie Papier und Stifte für die Teilnehmer bereit.
- Vergewissern Sie sich, dass alle notwendigen Medien (Tageslichtprojektor, Beamer, Tafel, Flipchart …) vorhanden sind und funktionieren.
- Wenn möglich sorgen Sie in der ersten Stunde für Kaffee/Tee oder zumindest für ein paar Kekse und verteilen Sie kleine Teller auf den Tischen.
- Je nach Jahreszeit können Sie kleine Blumensträuße, Tannenzapfen oder Kerzen mitbringen.
- Hängen Sie, wenn möglich, Bilder an die Wände.
- Ein Willkommensgruß oder eine Zeichnung auf einer Tafel, einem Flipchart oder einem Plakat führen zu einer positiven Einstimmung.

Es kommt auf Sie an

Sorgen Sie für eine Atmosphäre, in der Sie und die Teilnehmer sich wohlfühlen. Erst dann kann das Gedächtnis seine Fähigkeiten voll entfalten.

Während der erste(n) Stunde(n)

- Ihre Vorstellung zu Beginn der Gruppenstunden sollte ein paar Daten und Fakten, aber auch persönliche Gefühle und Begebenheiten enthalten.
- Geben Sie zunächst einen Überblick über das, was die Teilnehmer erwartet.
- Stellen Sie das Konzept des Ganzheitlichen Gehirntrainings vor und erläutern Sie die positiven Wirkungen.
- Erklären Sie, wie es zu Denkblockaden kommt und dass sie ein ganz natürliches Phänomen sind und nichts mit mangelnder Intelligenz zu tun haben.
- Stellen Sie in den ersten Stunden Kennenlernspiele mit Gedächtnisfunktion in den Vordergrund.
- Fordern Sie die Teilnehmer auf, Wünsche und Erwartungen zu äußern.
- Knüpfen Sie an bekannte Dinge an. Erinnern Sie an bekannte Lieder, Gedichte und Situationen. So schaffen Sie Vertrauen und Erfolgserlebnisse. Vor allem die Übungen der ersten Stunde sollten möglichst mündlich, einfach und mit viel Anschauungsmaterial durchgeführt werden.

Die regelmäßige Vorbereitung

- Planen Sie gründlich, aber seien Sie flexibel und ändern Sie eventuell Ihren Plan.
- Wenn Sie themenorientiert arbeiten, teilen Sie den Teilnehmern das Thema mit. Das regt zum Denken an und gibt Sicherheit.
- Schreiben Sie eine Liste mit den Dingen, die Sie in der nächsten Stunde brauchen und besorgen Sie sie rechtzeitig. Benutzen Sie ein Ringbuch, Karteikarten oder den Computer.
- Speichern Sie Ihre vorbereitete Trainingseinheit auf einem Diktiergerät und hören Sie sie z. B. bei mechanischen Tätigkeiten im Haushalt oder beim Autofahren mehrmals ab. Sie üben so das freie Sprechen, entdecken Verständnis- oder Formulierungsschwierigkeiten und werden zunehmend sicherer. Oft entstehen beim Abhören auch neue Ideen für weitere Übungen.
- Führen Sie ein Gruppenstunden-Tagebuch, bei dem der jeweilige Plan z. B. in Blau und die entsprechende Ausführung auf der Rückseite in Rot notiert wird. Benutzen Sie ein Ringbuch oder Karteikarten.
- Legen Sie eine Ideenkartei an. Schreiben Sie jede Übung (mit Lösungsvorschlägen) auf eine eigene Karte (DIN A 6) und wählen Sie für die unterschiedlichen Übungsarten jeweils eine andere Farbe. Die Karten können Sie leicht mitnehmen und darauf notieren, in welcher Gruppe bzw. wann Sie die entsprechende Übung eingesetzt haben. Damit vermeiden Sie Wiederholungen und können auch ganz gezielt in regelmäßigen Abständen z. B. bestimmte Übungen erneut einsetzen.
- Versehen Sie Ihre Trainingsvorbereitungen mit Datum und Gruppenname.
- Wenn Sie mehrere Gruppen parallel leiten, verwenden Sie unterschiedliche Symbole, z. B. die »Herz«-Gruppe, die »Sonnen«-Gruppe, etc.
- Erstellen Sie einen Koffer mit Arbeitsmaterialien und zeigen Sie ihn den Teilnehmern.
- Aktivieren Sie die Teilnehmer, Material zu sammeln bzw. neue Übungsideen zu entwickeln (Kalendersprüche, interessante Texte und Informationen, etc.).
- Motivieren Sie die Teilnehmer durch einen aktuellen Bezug zu Fernsehsendungen, Zeitungsmeldungen oder alltäglichen Problemen oder Begebenheiten im Ort.

5.3.3 Tipps für kritische Situationen

Geben Sie ruhig zu, wenn Ihnen das Herz bis zum Halse klopft, das ist menschlich und schenkt Vertrauen. Erzählen Sie einen Witz oder eine lustige Geschichte, um eine spannungsgeladene Situation zu lindern. Lachen hilft – sowohl Ihnen als auch den Teilnehmern. Ein Beispiel: »Gestern Abend, als ich mich für diese Stunde vorbereitete, wussten nur der liebe Gott und ich, was ich Ihnen erzählen wollte. Jetzt weiß es nur noch der liebe Gott.«

Seien Sie nicht frustriert, wenn eine Stunde nicht so gut läuft. Jeder hat mal einen schlechten Tag. Das gilt für Sie und für Ihre Teilnehmer. Jede Gruppe ist anders. Wenn Sie Übungen vorgeschlagen haben, die in dieser Gruppe nicht angenommen worden sind, verzweifeln Sie nicht. Notieren Sie sich die Schwierigkeiten in der speziellen Gruppe und denken Sie über Schwierigkeitsgrad und Art der Vermittlung nach. Probieren Sie dieselbe Übung vielleicht etwas abgewandelt in einer anderen Gruppe aus. Sie werden aufgrund Ihrer wachsenden Erfahrungen im Laufe der Zeit einige Dinge verändern.

Wichtig sind nicht Perfektion und ein reibungsloser Ablauf der Stunden, sondern die Freude am Denken und am kreativen Probieren die Begeisterung für das Thema, die dazu führt, dass die Teilnehmer auch außerhalb der Gruppenstunden etwas für sich und ihre grauen Zellen tun.

Wichtiges in Kürze

- Fordern, aber nicht überfordern
- Genügend Zeit lassen
- Verständlich und bildhaft sprechen
- Jeden Menschen individuell dort abholen, wo er steht
- Bezug zum Alltag herstellen
- Eine entspannte Atmosphäre schaffen
- Humorvoll schwierige Situationen meistern
- In Erstaunen versetzen und Spannung und Neugier bei Fragen und Antworten erzeugen
- Erleben vermitteln
- Viele Sinne ansprechen
- Sehr flexibel sein
- Immer wieder Mut machen
- Auf entstandene Fragen eingehen
- Keine Antwort bei den Übungen als falsch bewerten
- Abwechseln zwischen Impulsen, Wahrnehmungs- und Konzentrationsübungen, Fantasie- und Kreativitätsübungen, Entspannung, Bewegung, Wortspielen, Gedichten, Liedern und Wissensfragen
- Anregungen für das »stille Kämmerlein« als »Lustaufgaben« vermitteln. *(Mehr dazu in Kapitel 6.7)*
- Tatsachen zum Thema Lernfähigkeit und Alter erläutern
- Hintergrundwissen über das Gehirn, Gedächtnis und Vergesslichkeit sowie die Zusammenhänge zwischen Körper, Geist und Psyche vermitteln
- Auf die Bedeutung gesunder und gehirngerechter Ernährung und vor allem auf ein genügendes Trinken hinweisen
- Strategien gegen die Vergesslichkeit im Alltag gemeinsam entwickeln
- Weitere Möglichkeiten aufzeigen, sich geistig fit zu halten

Aufgrund der Anregungen in den Gruppenstunden oder durch die Gespräche untereinander werden oft weitere Möglichkeiten, aktiv zu werden, erkannt oder wiederentdeckt und besonders gefördert, wie zum Beispiel:

- Lesen
- Diskutieren
- Gedichte und Sprüche lernen
- Briefe, Geschichten, Gedichte usw. schreiben
- Kindheitserinnerungen aufschreiben
- Tagebuch führen
- Musikinstrumente spielen
- Neue Wissensgebiete erforschen
- Vorträge, Seminare, Theater, usw. besuchen
- Fremdsprachen lernen
- Sonstigen kreativen Hobbys nachgehen

Besonders beliebt bei alten Menschen ist das Lösen von Kreuzworträtseln, das jedoch nur ein bestimmtes Wissen abruft und damit sehr einseitig ist. Alle, die Spaß daran haben, sollten es weitermachen, es jedoch nicht dabei belassen.[41]

[41] Dieses Kapitel ist aus entnommen aus Oppolzer, U. (1998). Hirntraining mit ganzheitlichem Ansatz. verlag modernes lernen

6 ÜBUNGEN DES GGT

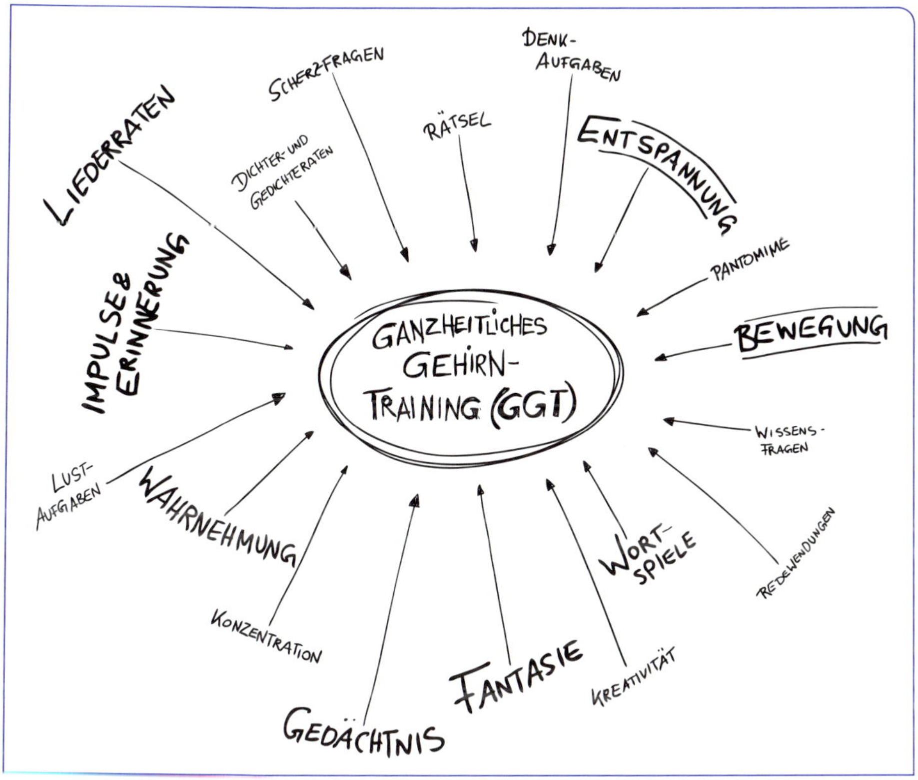

Abb. 5: Das GGT – ein Überblick.

Dieser Überblick zum GGT zeigt die Vielfältigkeit der Übungen, die alle Gehirnfunktionen trainieren, sowie Gefühl und Körper ansprechen. Studien gehen davon aus, dass es ständig zu Wechselwirkungen kommt und Geist, Seele und Körper sich gegenseitig beeinflussen. Außerdem ist mit den unterschiedlichsten Übungen die Möglichkeit gegeben, die Fähigkeiten jedes einzelnen bewusst zu machen und Erfolgserlebnisse zu verschaffen.

Der Mensch ist kein Computer, keine Maschine, in die man etwas hineinsteckt, um dann ein bestimmtes Ergebnis zu erzielen. Es reicht nicht aus, zu erkennen, dass ein ganzheitliches Gehirntraining gerade für den alten Menschen besonders wichtig ist und mit welchen Übungen man wissenschaftlich nachweisen kann, welche Erfolge in Testreihen möglich sind.

Fakt ist aber, dass das Gehirn trainiert werden kann, dass es sich auch im Alter noch verändern kann und dass viele ältere Menschen zunehmend Spaß daran haben, miteinander ins Gespräch zu kommen und noch etwas zu lernen, auf eine spielerische und angenehme Art.

Die Übungen des GGT sind in folgenden Trainingseinheiten zusammengefasst.

1. Impulse & Erinnerungen
2. Wahrnehmung & Konzentration
3. Wortspiele
4. Sprüche & Redewendungen
5. Lieder
6. Dichter & Gedichte
7. Gedächtnis & Kreativität
8. Wissen & Erfahrung
9. Bewegung & Pantomime

6.1 Impulse & Erinnerungen

Impulse können außer anregenden Sätzen oder Feststellungen, Erinnerungsfragen und Wissensfragen z. B. Fotos, Bilder aus Zeitschriften, Farbkarten, Zahlenkarten, Formenkarten oder kleine Gegenstände und Blumen sein. Wichtig ist, dass zuvor eine herzliche Begrüßung stattgefunden hat, sodass jeder Gesprächspartner wach und aufmerksam ist. Das Zeigen des Bildes oder Gegenstandes kann verbunden sein mit einer persönlichen Erfahrung, einem persönlichen Bezug, der zu einer Assoziation, zum »Kramen« im Langzeitgedächtnis beim Gegenüber führt.

Gegenstände und mögliche Begleitsätze

- Steine: »Diese Steine habe ich im letzten Urlaub gesammelt.«
- Muscheln: »Diese Muscheln habe ich auf der Nordseeinsel Langeoog gefunden. Waren Sie auch schon einmal an der Nordsee?«
- Knöpfe: »Dieser Knopf lag auf dem Boden. Gehört der vielleicht Ihnen?«
- Schlüssel: »Schauen Sie mal diese vielen Schlüssel! Jetzt ist noch der Schlüssel von meinem neuen Auto hinzugekommen.«
- Wollfäden: »Schauen Sie mal, diese herrliche Wolle! Ich stricke gerade einen Schal. Haben Sie früher auch gestrickt?«
- Roter Pappstreifen: »Schauen Sie mal, was für ein schönes Rot. Mögen Sie diese Farbe?«
- Blauer Pappstreifen: »Dieses Blau erinnert mich an einen Spaziergang durch ein Kornfeld. Ich habe für meine Mutter oft Kornblumen gepflückt.«

Erinnerungs- und Wissensfragen

Erinnerungs- und Wissensfragen sind sowohl ein effektiver Impuls für einen TTB als auch ein möglicher Einstieg für eine 10-Minuten-Aktivierung oder für eine Gruppenstunde.

Erinnerungsfragen

- Wie sah die Badewanne in Ihrer Kindheit aus?
- Welche Bäume sind Ihnen aus der Kindheit in Erinnerung geblieben?
- Welche Blumen waren in der Kindheit Ihre Lieblingsblumen?
- Trug Ihre Mutter eine Schürze?
- Wie sah der Küchenofen aus?
- Welchen Braten gab es in Ihrer Familie am Sonntag?
- An welche Gerichte Ihrer Kindheit erinnern Sie sich?
- Was war als Kind Ihre Lieblingsspeise?
- Wie war das Osterfest in Ihrer Kindheit?
- Wie sah die gute Stube aus?
- Was gab es an Weihnachten zu essen?
- Was haben Sie als Kind besonders gern gelesen?
- Was war als Kind Ihre Lieblingsfarbe?
- Wie trugen Sie als Kind Ihr Haar?
- Wollten Sie ein Instrument lernen und durften Sie es?
- Welche Musik haben Sie als junge Frau, als junger Mann gehört?
- Wie sah das erste Auto aus, in dem Sie gefahren sind?
- Wie haben Sie Ihre Hochzeit gefeiert?
- Welcher Urlaub ist Ihnen unvergesslich?

Diesen Fragen schließen sich normalerweise heitere und spannende Erzählungen an. Wenn Sie merken, dass die Gruppe so richtig bei der Sache ist und viel Spaß an dieser Übung hat, können Sie einen Schritt weitergehen und »Wissen« abrufen:

Wissensfragen

Was ist

- ein Wäschestampfer?
- ein Wäschebrett?
- ein Bohnerbesen?
- ein Waschhocker?
- ein Wäschesprudler?
- ein Teppichklopfer?
- eine Stopfhexe?
- eine Strickliesel?

6.2 Wahrnehmung & Konzentration

4 Fehler

Nur das, was man bewusst registriert und mit Bekanntem in Beziehung setzt, wird sicher gespeichert und ist auch gezielt abrufbar. Würde man die *bewusste* Wahrnehmung auf einem Maßband messen, entspräche sie einer Strecke von etwa 5 Millimeter. Die Strecke, die der *unbewussten* Wahrnehmung entspricht, ist demgegenüber 5 Kilometer lang.

Pro Sekunde registrieren die Sinnesorgane Millionen von Informationen von außen und innere Reize im Körper. Davon gelangt nur ein Bruchteil in das Bewusstsein. Eine Steigerung der bewussten Wahrnehmung um 100 % wäre schon eine enorme Verbesserung, denn alles, was man bewusst aufnimmt und mit Bekanntem in Beziehung setzt, kann sicher gespeichert werden und ist damit auch abrufbar. Warum aber erinnern wir uns z. B. an eine graue Weste oder eine bestimmte Haarfrisur eines Menschen, obwohl wir gar nicht bewusst darauf geachtet haben? In diesen Situationen stellt unser Unterbewusstsein zu diesen – scheinbar unwichtigen – Informationen eine Verbindung her, d. h. eine Verbindung zu einer intensiven Wahrnehmung und einem Gefühl in der Vergangenheit.

Die Sinne aktivieren

Wahrnehmungsübungen aktivieren die Sinne, führen zu einem bewussteren Erleben und damit zu einem besseren Gedächtnis.

6.2.1 Ganzheitliche Wahrnehmung

Wie sehr auch die unbewusste Wahrnehmung von Informationen den Speicherungsprozess unterstützen kann und das Abrufen erleichtert, wenn die Wahrnehmung entsprechend trainiert wird, soll das folgende Beispiel verdeutlichen:

Stellen Sie sich vor, Sie sitzen im Wohnzimmer und lesen ein interessantes Buch. Plötzlich klingelt das Telefon im Flur. Sie stehen auf und während Sie den Hörer abnehmen, sind Ihre Gedanken noch bei dem spannenden Krimi. Der Anrufer bittet Sie, Ihrem Partner eine wichtige Bestellung auszurichten und nennt Zahlen und Namen. Der Kugelschreiber funktioniert nicht, aber Sie sind sicher, sich alles merken zu können. Als Sie jedoch aufgelegt haben und schließlich Block und Bleistift finden, ist alles wie weggeblasen. Sie gehen ärgerlich zum Telefon, um zurückzurufen, doch als Sie den Hörer abnehmen, kommt die Erinnerung wieder. Ihr Gehirn hat die bewusst aufgenommenen Informationen zusammen mit der unbewussten Wahrnehmung der Details im Raum, also des Spiegels, der Blumenvase, dem Duft der Rosen, dem Mantel an der Garderobe, gespeichert. Nun, da Sie den Duft riechen und die Gegenstände wieder wahrnehmen, erinnern Sie sich an das Telefongespräch.

Regelmäßige Wahrnehmungsübungen

Regelmäßige Wahrnehmungsübungen führen nicht nur zu einem bewussteren Sehen, sondern zu einem bewussteren Erleben und damit zu mehr Aufmerksamkeit und Konzentration.

Geräusch- und Musikspiele wie z. B. »Liederraten« führen zu einem bewussteren Zuhören. Verschiedene Materialien werden mit geschlossenen Augen ertastet und gemerkt. Einheitliche braune Apothekenfläschchen werden mit unterschiedlichen Flüssigkeiten gefüllt, gerochen, erkannt und ebenfalls gemerkt. Kräuter werden in kleine Schalen gefüllt, herumgereicht, angeschaut, gefühlt und gerochen. Mit Wahrnehmungsübungen wie z. B. »Was ist alles rund?« und der Frage: »Was kann man aus einem vorhandenen Kreis alles zeichnen?« – »Was ist viereckig, dreieckig, blau, rot, …?« werden bewusste Wahrnehmung und Kreativität gefördert.

Wahrnehmungsübungen

Was ist in Ihrer Umgebung alles …

- rund?
- quadratisch?
- weich?
- rot?
- lang?
- dünn?
- glatt?
- kleiner als Ihre Hand?

Um alle Sinne anzusprechen, können Sie Ihrem Sammeltrieb freien Lauf lassen. Da sind die Kastanien im Herbst, die ersten Schneeglöckchen im Frühling, das reife Korn im Sommer. Und zu jeder Zeit bietet sich Obst an, um alle Sinne zu stimulieren.

Verdecktes Apfel-Birnen-Allerlei

Zunächst liegen in einem Korb möglichst (in Größe und Beschaffenheit) unterschiedliche Äpfel und Birnen, Zitronen, Orangen, Bananen etc. Jeder Teilnehmer nimmt sich ein Teil, schaut es genau an, achtet darauf, wie es sich anfühlt und legt es wieder in den Korb zurück. Nun wird das Obst auf den Tisch gelegt und ein großes Tuch darüber ausgebreitet. Die Teilnehmer versuchen nun, ihren Apfel, ihre Birne unter den anderen wiederzuerkennen bzw. zu ertasten.

6.2.2 Konzentrationsübungen

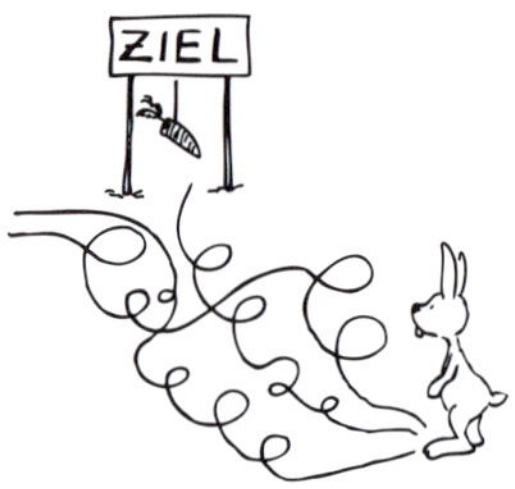

Um die Konzentration auf das Wesentliche zu richten, werden diese Übungen möglichst mit Stoppuhr, das heißt unter leichtem Zeitdruck gespielt. Das verstärkt im Alltag die Gelassenheit und das Denkvermögen in Drucksituationen. Immer wieder geht es darum, möglichst schnell bestimmte Buchstaben, Zahlen, Wörter, Fehler, Sternchen usw. zu finden, zu zählen oder einen »Textsalat« zu entschlüsseln.

Anekdoten bekannter Persönlichkeiten dienen nicht nur der Verbesserung der Konzentrationsfähigkeit, sondern z. B. auch als Gedächtnisübung, indem die Teilnehmer sich die Hauptwörter oder Gegenstände des Textes einprägen. Gleichzeitig bilden die Anekdoten Aufhänger für ein Gespräch über die entsprechenden Persönlichkeiten und Zeiten und fördern somit das Gemeinschaftsgefühl, die Kommunikation untereinander und das freie Sprechen.

Konzentration bedeutet in diesem Fall sowohl das Denken auf ein bestimmtes Ziel hin wie auch das intensive Aufspüren von Gedankenverbindungen in einer vorgegebenen Zeit. Übungen zur Konzentration können sein, für einen bestimmten Buchstaben Pflanzen, Tiere, Städte, Lebensmittel, Musikinstrumente zu nennen, Fragespiele, bei denen die Antworten mit demselben Buchstaben beginnen oder Rätselgeschichten.

Konzentrationsübungen

- Konzentrieren Sie sich ca. eine Minute auf einen bestimmten Punkt im Raum und versuchen Sie, nichts anderes wahrzunehmen und an nichts anderes zu denken. Steigern Sie die Zeit von Tag zu Tag um ein bis zwei Minuten.
- Vor Ihnen steht ein Wecker. Versuchen Sie sich eine Minute nur auf die Bewegung des Sekundenzeigers zu konzentrieren.
- Vor Ihnen auf dem Tisch liegt ein Cent. Versuchen Sie, sich eine Minute nur darauf zu konzentrieren. (Erschweren Sie eventuell die Aufgabe, indem Sie das Radio anstellen.)
- Vor Ihnen auf dem Tisch steht eine brennende Kerze. Konzentrieren Sie sich aus einem Abstand von ca. 50 cm **nur** auf das Blau der Flamme.
- Zeichnen Sie Gegenstände oder Bilder genau ab.
- Achten Sie auf bildhafte Vergleiche. Zählen Sie bestimmte Buchstaben in Wörtern. In »Theodor Fontane« stecken drei »O's«. Wie viele »O's« zählen Sie im folgenden Text? »Fontanes Berufswünsche änderten sich immer wieder. Er wollte Museumswärter, Kondukteur bei der Eisenbahn, Sekretär für einen Gartenbauverein, Lektor, Redakteur, Korrespondent, Bibliothekar werden.«[42]

Konzentrationsübungen in Form von »Versteckten Begriffen« und »Versteckten Tieren« sind ideal, die punktuelle Aufmerksamkeit zu stärken. Schreiben Sie am Besten die entsprechenden Wörter oder Sätze groß und deutlich auf eine Tafel oder ein Plakat.

Beispiele

Versteckte Wörter

Es werden Wörter vorgelesen
wie z. B. LESELAMPE und die Teilnehmer erkennen,
dass ein ESEL in dem Wort versteckt ist.

Versteckte Tiere

Eine grüne Wiese lud uns ein paar Kilometer weiter zum Picknick ein. Wir störten Herrn Lammers beim Kaffeetrinken und lachten über seinen komischen Ehering.

[42] Lösung: 7 »O's«

Zungenbrecher

- Fischers Fritz fischt frische Fische, frische Fische fischt Fischers Fritz
- Große Pferde grasen pflichtgetreu grüne Pfefferminze.
- Wir Wiener Waschweiber würden weiße Wäsche waschen, wenn wir wüssten, wo warmes Wasser wär.
- Zwei Ziegen zwischen zehn Zwergen zögern zweifelnd.

6.3 Wortspiele

Wortspiele, Buchstabenspiele, Satzspiele, Geschichten, Redewendungen und Sprüche regen verstärkt die linke Gehirnhälfte an, holen einen versunkenen oder im Alltag kaum benutzen Wortschatz wieder hervor. Sie fördern die Sprachgewandtheit, das differenzierte Formulieren und können mit Hilfe der rechten Gehirnhälfte zu kreativen und lustigen Wortneuschöpfungen und Wortverbindungen führen.

Bei den ABC-Wortspielen geht es z. B. darum, möglichst schnell Begriffe von A–Z zu einem bestimmten Thema (z. B. Wunschzettel, Garten, Lieblingsbeschäftigungen, Haushalt) zu finden. ABC-Spiele eignen sich besonders als mündliches Einstiegsspiel zum »Warmwerden« und zur Förderung der Konzentrationsfähigkeit. Sie können jedoch auch zu Gedächtnisspielen umfunktioniert werden, indem die Begriffe so langsam genannt werden, dass sich jeder Teilnehmer ein »Bild« machen kann, das einprägsam ist.

ABC-Spiele I

Alles, was ...

- man lieben kann
- man fangen kann
- man streichen kann
- man essen und trinken kann
- man tragen kann
- gehen oder laufen kann
- fliegen kann
- spitz ist
- aus Glas (Holz, Papier, Eisen) ist
- Räder hat
- kleiner ist als eine Orange
- größer ist als ein Auto
- weich ist
- lang ist
- rot (blau grün, weiß, ...) ist

ABC-Spiele II

- Bäume und Blumen
- Bekannte Frauen
- Zweisilbige Wörter
- Tätigkeiten
- Farben
- Liedertitel
- Architektur
- Tiere
- Küche und Keller
- Namen
- Orte
- Länder
- Komplimente

Viele Wortspiele, z. B. »Versteckspiele« oder Anagramme eignen sich auch als »Lustaufgaben«, also für das Denktraining in den Tagen zwischen den Gehirntrainingsstunden.

Wenn Sie merken, dass Ihre Gruppenteilnehmer viel Spaß an diesen Wortspielen haben, können Sie einen Schritt weitergehen und Buchstaben-Salate servieren.

Buchstaben-Salate

- Aus den Buchstaben eines vorgegebenen Wortes, z. B. GARTENHÄUSCHEN, werden Wörter gebildet: Tag, Scheune, Raten, Rasen, Gerte ... (= Anagramme)
- Geben Sie bestimmte Buchstaben vor, z. B. A-L-T-E-R und lassen Sie daraus Wörter bilden, in denen diese Buchstaben vorkommen müssen: Lattenrost, Wahltermin, Balltrainer etc.
- Lassen Sie aus einem Buchstabensalat möglichst schnell bestimmte Begriffe finden, z. B.
- NORISE= ROSINE = SENIOR / SCHKRIFAST = Kirschsaft

Sätze und Geschichten

Sätze und Geschichten aktivieren nicht nur den versunkenen oder kaum benutzten Wortschatz. Sie ermunterm zum freien Sprechen und zur Kommunikation in der Gruppe. Durch kreative Neuschöpfungen werden sowohl die linke wie auch die rechte Gehirnhälfte angeregt. Es entstehen oft lustige Sätze und Geschichten, die eine entspannte und heitere Atmosphäre verursachen.

Beispiele

- Lassen Sie Sätze mit Wörtern bilden, die mit dem gleichen Buchstaben beginnen: »Am Anfang angelte Anton am Achensee abends appetitliche Aale.«
- Lassen Sie Sätze bilden, in denen alle Wörter einen bestimmten Buchstaben enthalten bzw. nicht enthalten, z.B. ein Satz mit vielen »O's«: »Ottos Post schockte Orphelia ordentlich.«
- Ermuntern Sie zu Geschichten, in denen vorgegebene Wörter vorkommen müssen.
- Ermuntern Sie zu Geschichten, in denen ein bestimmter Buchstabe oder ein bestimmtes Wort möglichst oft vorkommen soll.

6.4 Sprüche & Redewendungen

Redewendungen (z.B. »Zwischen zwei Stühlen sitzen«, »Mit Speck fängt man Mäuse«) sind älteren Menschen sehr vertraut und es macht ihnen Freude, diese zusammenzutragen. Vor allem in den ersten Gruppenstunden sollten Redewendungen im Vordergrund stehen, um Erfolgserlebnisse zu verschaffen und schnell eine vertrauensvolle Atmosphäre zu ermöglichen. Fragen Sie nach Redewendungen zu einem bestimmten Thema (Haus und Garten, Körperteile oder Berufe) oder mit einer vorgegebenen Anzahl von Wörtern.

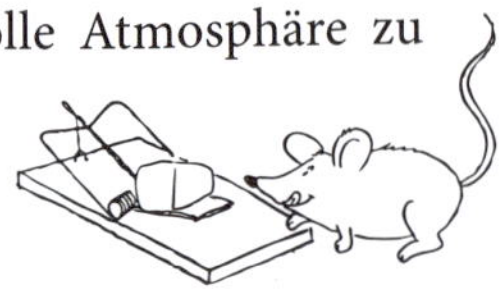

Führen diese Redewendungen zu bildhaften Vorstellungen, sind sie außerdem eine gute Übung für die rechte Gehirnhälfte. Für den Gruppenleiter gilt auch hier: Lassen Sie der Fantasie und Kreativität freien Lauf und neue, spontan erfundene Redewendungen zu. Machen Sie den Teilnehmern Mut, eigene Ideen zu entwickeln.

6.5 Lieder

Lieder lassen Kindheitserinnerungen wieder auftauchen, geben den Teilnehmern Sicherheit und stärken das Vertrauen in der Gruppe, da die meisten älteren Menschen noch viele Lieder aus ihrer Schulzeit kennen. Es geht also um das Abrufen von gelerntem – im Langzeitgedächtnis gespeichertem – Wissen. Der Gruppenleiter sollte anregen, die Lieder zu wiederholen, mit der rechten Gehirnhälfte, d.h. mit der bildhaften Vorstellung zu festigen und vorzutragen oder gemeinsam mit entsprechenden Gesten zu spielen. Außerdem sollte er den Teilnehmern Mut machen, sich im Takt der Melodie zu bewegen oder sich sogar mit einem Instrument zu begleiten.

Es gibt viele schöne CD's auf dem Markt, die vor allem das bekannte Liedgut enthalten, das früher in Jugendgruppen gesungen wurde. Aber auch alte Schlager- und Filmmelodien werden gern gehört und regen zu intensiven Gesprächen über Kino, Kultur und beliebte Filmstars an. Gerade ältere Menschen erinnern sich noch gut an beeindruckende Kinofilme oder die ersten »Straßenfeger« im Fernsehen. Werden beim TTB oder in einer Gruppenstunde Lieder gemeinsam angesungen, wird das Gemeinschaftsgefühl gestärkt. (siehe auch: Oppolzer,U: »Verflixt, das darf ich nicht vergessen« Bd. 2 und 3 mit CD)

6.6 Dichter & Gedichte

Dichter- und Gedichteraten können ebenfalls ein guter Einstieg für einen therapeutischen Tischbesuch oder für eine 10-Minuten-Aktivierung sein, da jeder zum Thema Gedicht aus der Kindheit und Jugend etwas beitragen kann, denn dies einst mühsam auswendig Gelernte ist im Langzeitgedächtnis verankert. Es macht Freude, in der Erinnerungskiste der Kindergedichte und Balladen zu kramen. Diese Erfolgserlebnisse machen Mut, sich auch mit anderen Dingen zu beschäftigen, etwa selbst Gedichte zu schreiben.

6.7 Gedächtnis & Kreativität

Gedächtnisspiele aktivieren vor allem die rechte Gehirnhälfte. Es geht zunächst nicht darum, sich an viele Begriffe zu erinnern, sondern sich die Begriffe möglichst **bildhaft** vorzustellen. Je »merk-würdiger« die Vorstellungen sind, desto einprägsamer sind sie auch. Meist ist die erste, spontane Gedankenverbindung die Beste. Alles, was nicht unbedingt zum Gedankenbild dazugehört, sollte weggelassen werden, damit es später beim Abrufen nicht zu Verwechslungen kommt. Wichtig ist auch, ganz klare und eindeutige Bilder zu »malen«, z. B. wirklich ein Segelboot und nicht irgendein Boot. Die »merk-würdigen« Dinge sollten nicht in gleicher Größe im Bild erscheinen, sondern fantasievoll übergroß.

Merk-Würdiges

- Einkaufslisten
- Tagesabläufe
- Wegbeschreibungen
- Namen

Die Abrufbarkeit wird stärker beim Nacherzählen von Fakten, Anekdoten oder Geschichten. Um in jeder Situation das richtige Wort tatsächlich parat zu haben, eignet sich z.B. »Teekesselraten«, die Umschreibung einer Tätigkeit mit anderen Worten: »Gehen« = Schlendern, Torkeln, oder sogenannte „Brückenwörter" (Keller – Fenster – Bank).

6.8 Fantasie

»Bitte, zeichne mir ein Schaf!« sagt der Kleine Prinz und Antoine de Saint Exupéry versucht es immer wieder, ohne den Vorstellungen des Kleinen Prinzen gerecht zu werden. Schließlich zeichnet er eine Kiste und sagt: »Das Schaf, das du willst, ist da drin!«, und das Gesicht des Kleinen Prinzen leuchtet auf. »Das ist ganz so, wie ich es mir gewünscht habe.«

De Saint-Exupéry führt uns mit seinem Kleinen Prinzen in eine wunderbare Welt der Fantasie. Wie wichtig Fantasie für optimale geistige Leistungsfähigkeit ist, hat die Gehirnforschung der letzten Jahre gezeigt und so sind Gedankenbilder bei der Aktivierung der grauen Zellen von besonderer Bedeutung. Fantasiereisen, Assoziations- und Kreativitätsübungen stärken die Vorstellungskraft und bilden die Grundlage für eine intensive Zusammenarbeit der beiden Gehirnhälften.

Fantasie- und Kreativitätsübungen aktivieren speziell die rechte Gehirnhälfte. Durch die Mobilisierung der Vorstellungskraft kommt es zu einer intensiveren Abspeicherung. Da viele Menschen verlernt haben, sich Dinge vorzustellen, die es in der Realität nicht gibt, stoßen diese Übungen am Anfang zum Teil auf Skepsis und sogar Abwehr. Hier ist Einfühlungsvermögen und schrittweises Vorgehen gefragt, um die Teilnehmer zu ermuntern, sich immer wieder auf möglichst lustige, »merk-würdige«, ja sogar verrückte Ideen einzulassen.

»Fantasie ist wichtiger als Wissen!«, sagte Albert Einstein. Leider hat die Fantasie in unserer Gesellschaft mit dem Leben des Erwachsenen angeblich wenig zu tun. Rationales, logisches Denken steht im Vordergrund. Umso erstaunlicher ist es, dass ein Mathematiker und Physiker wie Albert Einstein, bei dem Zahlen und Formeln im Mittelpunkt standen, einen solchen Satz prägte. Gelerntes Faktenwissen allein reicht also nicht aus, um neue Erkenntnisse zu gewinnen, neue physikalische Gesetze zu entdecken oder Probleme zu lösen. Nur, wenn man sich Dinge vorstellen kann, die (noch) nicht existieren, kann man über seine Grenzen hinauswachsen, etwas Neues entwickeln. Nur mit Neugier und Fantasie ist Kreativität möglich. Das folgende Beispiel macht deutlich, wie wichtig die Vorstellungskraft ist und um wie viel leichter man sich etwas merken kann, wenn beide Gehirnhälften im Einsatz sind.

Das Zweibein

Lesen Sie den folgenden Satz langsam und prägen Sie sich den Wortlaut gut ein!

Ein Zweibein sitzt auf einem Vierbein an einem Dreibein und hält ein Einbein. Da kommt ein Vierbein, springt auf das Dreibein und schnappt dem Zweibein auf dem Vierbein das Einbein weg.

Wenn Sie sich nur mit der linken Gehirnhälfte, also Schritt für Schritt die Wörter merken wollen, purzeln die Beine ganz schnell durcheinander, und es wird später – selbst bei mehrfachem Wiederholen – leicht zu Verwechslungen kommen. Wenn Sie sich jedoch ein Bild machen oder besser einen Gedankenfilm drehen und sehen, wie ein Mensch (Zweibein) auf einem Stuhl (Vierbein) an einem Tisch (Dreibein) sitzt und einen Hähnchenschenkel (Einbein) isst, dann ein Hund (Vierbein) auf den Tisch (Dreibein) springt und dem Menschen (Zweibein) auf dem Stuhl (Vierbein) den Hähnchenschenkel (Einbein) wegschnappt, können Sie den Satz mühelos wiederholen.

6.8.1 Fantasiereisen

Fantasiereisen dienen nicht nur der Stärkung der Vorstellungskraft, sondern sind auch Geschichten zur Entspannung. Durch die Fantasievorstellungen werden ablenkende und negative Gedanken in den Hintergrund gedrängt, Alltagsprobleme ausgeblendet, Geist und Körper beruhigt. Ja, durch die Visualisierung können seelische und körperliche Vorgänge positiv beeinflusst werden.

Der Entspannungs- und Erholungszustand eines Fantasiespazierganges wird vertieft durch zwischendurch eingefügte Suggestionen:

- Sie sind ganz ruhig.
- Sie spüren den Rhythmus Ihres Atems.
- Ihr Atem geht ruhig und gleichmäßig.
- Sie sind schwer, warm, gelöst und ruhig.
- Sie fühlen sich wohl.
- Wärme strömt durch Ihren Körper.
- Sie sind ruhig und entspannt.
- Sie fühlen sich glücklich und frei.
- Sie sind vollkommen entspannt.

Schwere-, Wärme-, Ruhe-, und Atemsätze führen dazu, dass die wohltuende Wirkung der Fantasiereisen weit über die Vorlesezeit hinausreicht. Else Müller[43] versteht es wunderbar, Fantasie und Entspannung miteinander zu verknüpfen. Das Vorlesen erinnert vielleicht wieder an die Kindheit, in der Einschlafgeschichten zum festen Ritual gehörten. Der anschließende Austausch über Erfahrungen und Gefühle während der Geschichten gibt die Möglichkeit für weitere anregende Gespräche und Diskussionen. Durch den Einsatz von Entspannungsübungen, die über die Vorstellungskraft laufen und sich an Prinzipien des Autogenen Trainings oder der progressiven Muskelentspannung nach Jacobson orientieren, kommt es zur Verringerung von psychosomatischen Beschwerden, zu erholsamerem Schlaf, zur Verhinderung von Denkblockaden und damit zu einer größeren Konzentrations- und Merkfähigkeit.

6.9 Entspannungsübungen

Während des Gehirntrainings wird Entspannung erreicht durch:
- Fantasiereisen
- Körperliche Bewegung
- Progressive Muskelanspannung nach Jacobson
- Isometrische Übungen
- Atemübungen
- Meditation
- Musik

Muskelanspannung und -entspannung

Strecken Sie Ihren linken Arm aus und machen Sie eine Faust.
Stellen Sie sich vor, Sie würden eine Zitrone ausdrücken. Drücken Sie ganz fest und zählen Sie bis 5. Jetzt lassen Sie los. Genießen Sie das entspannte Gefühl. Wiederholen Sie die Übung mit dem rechten Arm.

Isometrische Übung
Legen Sie beide Hände auf den Tisch und versuchen Sie, den Tisch ganz fest in den Fußboden hineinzudrücken. Zählen Sie langsam bis 5 und lassen Sie dann los. Wiederholen Sie die Übung dreimal.

[43] Oppolzer, U. (2008). Das große Brain-Fitness-Buch. humboldt Verlag, Hannover

Atemübung
Atmen Sie nach dem Mantra: »OH – MA – HA«
Denken Sie beim Einatmen die Silbe OH, beim Ausatmen die Silbe MA und dann schieben Sie mit der Silbe HA den letzten Rest Luft heraus.

Es ist wichtig, den Alltag so zu strukturieren, dass es zu einem Wechsel von Passivität und Aktivität, zwischen Anspannung und Loslassen kommt. So sollte auch das Gehirntraining aus diesen beiden Elementen bestehen, also aus einem Wechsel zwischen Aktivierung des Geistes und Entspannung.

6.10 Wissen & Erfahrung

Wissensspiele ermöglichen das Abrufen gelernten Wissens, können jedoch auch zu Neukombinationen, Fantasie und Kreativität führen. Gerade bei diesen Übungen ist es wichtig, dass Sie als Gruppenleiter so oft wie möglich kreative Lösungen zulassen, auch dann, wenn sie den vorgegebenen Lösungen nicht entsprechen.

Beispiele

Steckbriefe
Bei Steckbriefen geht es darum, möglichst bald herauszufinden, wer oder was jeweils beschrieben wird. Sie können aus diesen Steckbriefen auch Konzentrationsübungen (z. B. bestimmte Buchstaben zählen) oder Gedächtnisübungen machen.

Scherzfragen und Rätsel
Scherzfragen und Rätsel sind zur Auflockerung und Aufmunterung vor allem in Gruppenstunden gedacht. Gleichzeitig fördern sie das Denken in ungewohnten Bahnen und regen die Fantasie an.

Wissensfragen
z. B. Wer ist Dichter der Ballade »Die Bürgschaft«?

Gerade gelerntes Wissen, die sogenannte kristalline Intelligenz, ist bei älteren Menschen sehr ausgeprägt. Sie verfügen über einen reichen Schatz an Erfahrungen und Wissen und Ihre Aufgabe ist es, diesen Schatz gemeinsam mit den Teilnehmern zu heben.

6.11 Bewegung & Pantomime

Bewegungsspiele und Fingerübungen gehören zum Konzept des GGT. Körperliche Bewegung ist ein Grundbedürfnis des Menschen, und jeder weiß, dass Bewegungsmangel schlecht für den Körper ist. Auf den Zusammenhang zwischen Bewegungsmangel und Denkträgheit muss dennoch oft erst hingewiesen werden. Ein gut funktionierendes Gehirn hängt von einer optimalen Blutzirkulation ab und diese wird dann erreicht, wenn der Kreislauf in Schwung kommt. Ein Wissenschaftler der Harvard Universität hat den provozierenden Satz geprägt: »Wenn du wissen willst, wie kraftlos dein Gehirn ist, fühle deine Beinmuskeln an.«[44] Diese sehr anschauliche, wenn auch etwas drastische Bemerkung will uns die Bedeutung der Bewegung ganz bewusst machen. »Es gibt Hinweise darauf, dass sich im Gehirn durch sportliche Aktivität mehr Verknüpfungen zwischen einzelnen Neuronen ausbilden, die eine erhöhte Leistungsfähigkeit des Gehirns zur Folge haben.«[45]

Besonders Ausdauertraining verlangsamt den Altersabbau, wirkt der Arteriosklerose entgegen und regt den gesamten Stoffwechsel an. Deshalb ist es wichtig, auch die Teilnehmer des Gehirntrainings zur regelmäßigen Gymnastik anzuregen. Sie sollten laufen und tanzen, wenn auch vielleicht nur im Sitzen.

Bewegung fördert das Denken, denn die Durchblutung der Organe und damit auch des Gehirns wird erhöht und führt zu einer besseren Sauerstoffzufuhr und einen regen Abtransport der Schlackenstoffe. Spezielle gehirngerechte Bewegungsübungen regen die rechte Gehirnhälfte und die Zusammenarbeit beider Hirnhälften an. Sie dienen der Verbesserung der Konzentrationsfähigkeit und ermöglichen einen Wechsel von Anspannung und Entspannung. Entsprechende Musik unterstützt die Übungen.

Das Denken fällt leichter, wenn man sich bewegt

Bewegung sorgt also für eine gute Durchblutung des Gehirns, bewirkt eine Verbesserung des Hirnstoffwechsels und schafft so die Voraussetzungen für geistige Leistungsfähigkeit. Muskelverspannungen können gelöst, die Atmungsorgane angeregt und neue Energien für geistige Prozesse freigesetzt werden. Wie Fischer und Lehrl[46] immer wieder betonen, wird das ganze Herz-Kreislaufsystem durch geistige Aktivitäten beeinflusst. Umgekehrt legt der körperliche Zustand (Herz-Kreislaufsystem) fest, welche Grenzen der geistigen Leistungsfähigkeit erreichbar sind.

---

44 Vgl. Oppolzer, U. (2006). Bewegte Schüler lernen leichter. verlag modernes lernen

45 Staudinger, U. (2009), zit. in: Hält Gehirntraining jung? Script zur WDR Sendereihe Quarks & Co, hrsg. Vom WDR, Köln 2008, S. 15

46 Vgl. Lehrl, S.; Fischer, B. (1998). Die Gehirn-Jogging-4-Wochen-Kur. Multi-Media-Verlag., Dorsten

Die leistungsmindernden Wirkungen des Bluthochdrucks sind durch viele Versuche nachgewiesen. Wenn man weiß, dass die Energieversorgung des Gehirns auf den ständigen Nachschub von Sauerstoff und Zucker über die Blutbahn angewiesen ist, dann wird die Abhängigkeit der geistigen Leistungsfähigkeit von der Funktionstüchtigkeit des Herz- Kreislaufsystems ersichtlich. »Jedes Lernen ist ein biologischer Prozess, bei dem körperliche, psychische und geistige Vorgänge untrennbar miteinander verbunden sind.«[47]

Ein Drittel der Gedächtnistrainings- bzw. Gehirntrainingsstunde sollte aus Bewegungsübungen (Pantomimenspiele, Fingerübungen, gehirngerechte Bewegungsübungen) bestehen. Kommt zur Bewegung noch Musik, wie z. B. beim Tanzen bzw. Tanzen im Sitzen, werden nicht nur Körper und Geist positiv beeinflusst, sondern auch die Seele. Die Bereitschaft für Bewegungsübungen wächst; Freude und Entspannung nehmen zu.

Gehirngerechte Bewegungsübungen

- Bewegungen mit der linken Körperseite
- Schreiben und Malen mit der linken Hand
- Schreiben und Malen mit beiden Händen gleichzeitig
- Gegenbewegungen und Kreuzungsbewegungen
- Schleifenbewegungen

Interessant sind folgende Feststellungen:

- Je intensiver das Zusammenspiel der linken und der rechten Gehirnhälfte ist, desto besser werden Konzentration, Merk- und Problemlösungsfähigkeit
- Die Zusammenarbeit beider Gehirnhälften kann durch gehirngerechte Bewegungsübungen verstärkt werden
- Kreuzungsbewegungen (z. B. linke Hand zum rechten Knie und umgekehrt), Gegenbewegungen (z. B. gleichzeitig das linke Bein und den rechten Arm heben) und Schleifenbewegungen (z. B. mit dem rechten ausgestreckten Arm eine Schleife in die Luft malen) bewirken die Verstärkung des sogenannten »Balkens«, der Verbindung zwischen den beiden Gehirnhälften.

[47] Vgl. Vester:, F. (1998). Denken, Lernen, Vergessen. Was geht in unserem Kopf vor. dtvVerlag, München

Bewegungsübungen

So fördern Sie Konzentration, Reaktionsfähigkeit und Vorstellungskraft. Reihum werden zunächst einsilbige, später immer längere, Wörter gerufen und die Vokale in Bewegung umgesetzt.

- Bei einem »A« wird geklatscht.
- Bei einem »E« Hände weg! Die Arme werden nach vorn gestreckt.
- Bei einem »I« zeigen die Hände zum Ich, also nach innen.
- Bei einem »O« gehen die Hände nach oben.
- Bei einem »U« gehen die Hände nach unten.

Während die gehirngerechten Bewegungen entweder speziell die rechte Gehirnhälfte fördern oder die Zusammenarbeit der beiden Hemisphären, haben auch Fingerübungen vielseitige positive Folgen.

Sie stärken die

- Konzentrationsfähigkeit
- Reaktionsfähigkeit
- Koordinierungsfähigkeit
- Merkfähigkeit
- Kreativität

Fingerübung

Tippen Sie mit den Fingerkuppen der einen Hand nacheinander (so schnell wie möglich) gegen den Daumen der anderen Hand und umgekehrt.

Fingerübungen sind nicht nur Bestandteil des GGT, sondern können auch im Alltag immer wieder eingesetzt werden:

- Bereits vor dem Aufstehen, im Bett liegend, um Kreislauf und Denkfähigkeit anzuregen
- Am Tag, während einer Rundfunk- oder Fernsehsendung, um die Konzentration zu erhöhen.
- Abends, mit ruhiger, leiser Musik, um von der Hektik des Alltags und belastenden Gedanken abschalten und schneller einschlafen zu können.

Pantomime

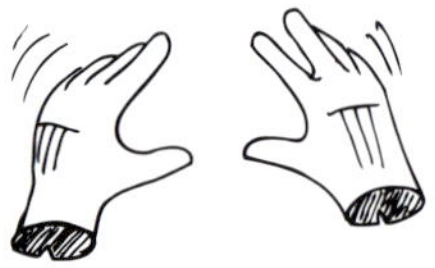

Mit Pantomime wird die Körpersprache bewusst gemacht, gezielt eingesetzt und geübt. Sie fördert die bewusste Wahrnehmung, die Konzentrationsfähigkeit und die Kreativität. Gleichzeitig werden Vorstellungskraft und Gedächtnis gestärkt, und es kommt zu einer spielerischen Bewegung. So können Figuren in die Luft gezeichnet werden, die Teilnehmer können mit den Händen wedeln, imaginäre Gegenstände oder Tiere streicheln, ein »Luftinstrument« spielen …

Auch Tanzen hält geistig fit

Tanzen ist Bewegung mit Musik und regt nicht nur Herz und Kreislauf an, sondern wirkt sich auch positiv auf die Seele und auf das Allgemeinempfinden. Die Fröhlichkeit entspannt und das Gruppengefühl. Wenn es Musik aus früheren Zeiten ist, so weckt sie viele Erinnerungen und der Tanz ist ein Impuls für die Kommunikation.

6.12 »Lustaufgaben«

Meine Erfahrung zeigt, dass es besonders beliebte Aufgaben für die Zeit bis zur nächsten Gruppenstunde gibt. Zu diesen »Lustaufgaben« zählen Anagramme, Redewendungen oder Lieder zu einem bestimmten Thema oder Wörter suchen, in denen z. B. Zahlen oder Namen versteckt sind.

Das sind jedoch auf keinen Fall Hausaufgaben, die negativ an Schule erinnern, sondern wirklich »Lustaufgaben«. Nur wer Zeit und Lust hat, versucht sich innerhalb der Woche damit zu beschäftigen. Diese Lustaufgaben sind so gestellt, dass sie nicht in 10 Minuten auszuführen sind, sondern immer wieder zum Nachdenken anregen und damit zu einem täglichen Denktraining hinführen, und zwar mit Freude und Begeisterung.

»Lustaufgaben«

- Berühmte Persönlichkeiten oder bekannte Personen mit einem bestimmten Anfangsbuchstaben oder einem bestimmten Vornamen suchen: (Gustav Stresemann, Gustav Heinemann)
- Redewendungen oder Lieder zu bestimmten Themen (z. B. Berufe: »Die Axt im Haus erspart den Zimmermann«)
- Begriffe, in denen Tiere oder Pflanzen stecken (»Rattenschwanz«, »Katzenauge«)
- Wörter, in denen bestimmte Buchstaben, z. B. die Buchstaben des Namens H-E-L-G-A vorkommen (BAGGERSCHAUFEL) oder nicht vorkommen (OMNIBUS)
- Sätze, bei denen jedes Wort mit dem gleichen Buchstaben beginnt: »Gertrud ging gestern ganz glücklich gegen Gottesdienstzeit gen gemeinschaftlicher, gemütlicher Gedächtnistrainingstunde.«

7 MATERIALIEN FÜR DAS GGT

Materialien für Kommunikationsimpulse und Erinnerung sowie für Wahrnehmungs- und Gedächtnisübungen sind vielfältig. Da Düfte und Gerüche den direkten Weg zu Erinnerungen im Langzeitgedächtnis nehmen, sollten duftende Dinge möglichst oft zum Einsatz kommen. Auch Musik und Rhythmen sind Schlüsselreize, die das Langzeitgedächtnis leicht aktivieren. Gleichzeitig wecken Melodien positive Gefühle und sind deshalb bevorzugt einzusetzen.

Im Folgenden finden Sie eine Auswahl von Materialien.

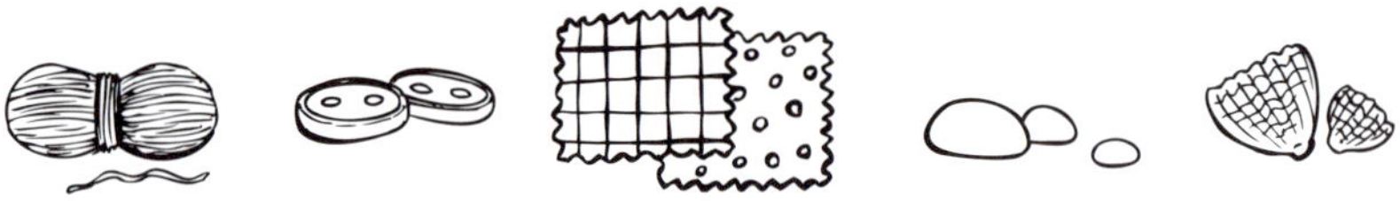

- **Düfte:** Duftfläschchen, Duftkissen, z. B. Lavendelkissen, Kräuterschalen, Gewürzdöschen, Seifen
- **Stoffe und Bänder:** Bunte Bänder, Stoffreste mit unterschiedlichen Motiven, einfarbige Stoffreste, Stoffe mit unterschiedlicher Oberflächenstruktur, Taschentücher, Spitzen, Filzplättchen, Bindfäden/Wollfäden unterschiedlicher Stärke und Farbe (Ordnen und Merken), Wollknäuel zum Zuwerfen bei Wortspielen
- **Natur:** Kleine Steine, Muscheln, Hölzer (»Handschmeichler«), kleine Zweige, Blätter, Nüsse, Kastanien Tannenzapfen, Gemüse (Kohl, Steckrüben), Obst
- **Karten, Plakate, Bilder:** Fotografien, Postkarten, Kalenderblätter, Bilder aus Zeitschriften, Farbkarten, Zahlenkarten, Buchstabenkarten, Formenkarten, Obst- und Gemüse auf Karten
- **Bastelutensilien:** Pappstreifen, Pappquadrate, selbsthaftendes Papier in verschiedenen Farben, farbige Kreide, Buntstifte
- **Sonstiges:** Kleine Dosen (leer und unterschiedlich gefüllt) Streichholzschachteln (unterschiedlich gefüllt), Kirschkernsäcke, Sandsäckchen, kleine Gegenstände aus unterschiedlichem Material (Watte, Radiergummi, Streichholz, Cent, Wäscheklammer, Pinsel), Poesiealben, Weihnachtskugeln und anderer Weihnachtsschmuck, Gürtel, Korken, Bälle, Igelringe, Knöpfe in unterschiedlichen Farben, Größen und Oberflächen, unterschiedliche Schlüssel, unterschiedliche Schaumstoffformen, große Farbwürfel, Gegenstände aus dem Haushalt, Gegenstände mit denen unterschiedliche Geräusche erzeugt werden können, Kerzen in verschiedenen Farben und Größen, unterschiedliche Nudeln, Bauklötze in unterschiedlichen Formen und Farben.

Wenn Sie mit den Materialien nicht nur Impulse geben und Erinnerungen auslösen wollen, sondern auch Wahrnehmung, Gedächtnis, Fantasie, Kreativität, logisches Denken und motorische Fähigkeiten verbessern möchten, stellen Sie Materialien her, die zusammengesetzt werden können.

Puzzle
- Zerschneiden Sie ein klares, deutlich abgegrenztes Bild aus einer Illustrierten in 3, 5 oder 7 Teile.
- Malen Sie z. B. ein einfaches Haus, einen Topf, ein Schiff usw. und zerschneiden Sie das Bild in 3,5 oder 7 Teile.

Formen
- Zeichnen Sie 7 Quadrate, 7 Rechtecke, 7 Kreise und 7 Dreiecke und malen Sie sie in bestimmten Farben bunt (z. B. Quadrate gelb, Rechtecke rot, Kreise grün und Dreiecke blau).

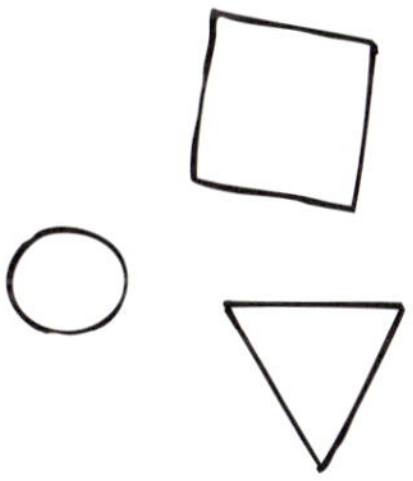

Mit diesen Materialien können Sie auch kleine Geschichten visualisieren lassen, die Sie vorlesen oder erzählen.

Der Garten

In meinem Garten gibt es ein großes Beet (gelbes Quadrat) mit gelben Tulpen und drei Beete (grüne Dreiecke) mit Gemüse: Tomaten, Grünkohl und Möhren. Ein Weg (rotes Rechteck) aus roten Steinen führt zum Flieder (blauer Kreis) ...

Eigenschaften des Trainingsmaterials:
- Deutliche Bilder, klare Farben und klar abgegrenzte Formen
- Stabiles, robustes Material (Bilder z. B. in Klarsichthüllen)
- Nicht zu bunte Materialien
- Vielseitig verwendbares Material

8 TIPPS FÜR EINE BESSERE GEISTIGE LEISTUNGSFÄHIGKEIT

8.1 Allgemeine Tipps für die Teilnehmer

- Trainieren Sie immer und überall Ihr Vorstellungsvermögen!
- Trainieren Sie gezielt Ihre Konzentration!
- Erfinden Sie fantasievolle Geschichten!
- Seien Sie öfter mal kreativ!
- Benutzen Sie Eselsbrücken!
- Vermeiden Sie Routine! Erledigen Sie Aufgaben einmal anders.
- Bewegen Sie sich beim Lernen.
- Schreiben Sie jeden Tag einen kleinen Text mit der linken Hand (wenn Sie Rechtshänder sind).
- Machen Sie verstärkt Gymnastik mit der linken Körperseite um die rechte Gehirnhälfte zu aktivieren.
- Lernen Sie Fremdsprachen.
- Spielen Sie Schach, Bridge, Karten oder andere Gesellschaftsspiele.
- Spielen Sie so oft wie möglich Gedächtnisspiele.
- Jonglieren Sie möglichst oft
- Tanzen Sie – allein oder mit Partner

8.2 Gedächtnistipps für den Alltag

- Stellen Sie sich geplante Termine so bildhaft vor, als seien Sie bereits erfolgt.
- Rechnen Sie kleinere Beträge im Kopf.
- Verzichten Sie z. B. auf den Telefonspeicher und benutzen Sie ein Notizbuch.
- Schlagen Sie eine Zeitschrift auf und registrieren Sie möglichst viele Details.
- Achten Sie in Ihrer Umgebung auf ganz bestimmte Formen oder Farben, z. B. auf alles, was rund oder vielleicht gelb ist.
- Versuchen Sie jeden Abend noch einmal alle Menschen, mit denen Sie am Tag zu tun hatten, vor Ihrem geistigen Auge zu sehen und die Namen in Gedanken zu schreiben.
- Hören Sie so oft wie möglich Radiosendungen oder Literatur-CDs und trainieren Sie dabei Ihre Vorstellungskraft.
- Lassen Sie fünf Minuten pro Tag ganz »verrückte« Ideen zu.
- Seien Sie neugierig! Interessieren Sie sich für neue, ausgefallene Dinge.
- Vermeiden Sie Routine und gehen Sie öfter mal neue Wege.

- Schreiben Sie wichtige Dinge auf!
  - Schreiben Sie wichtige Gedanken in eine Computerdatei oder auf kleine Zettel, die Sie in einem Zettelkasten sammeln.
  - Hängen Sie ein »Schwarzes Brett« neben das Telefon für wichtige Angelegenheiten.
  - Machen Sie sich Listen! (Einkaufsliste, Rechnungsliste, etc.)
  - Legen Sie ein Notizbuch griffbereit neben das Telefon.
  - Hängen Sie einen Jahreskalender mit wichtigen Terminen an die Küchentür oder an die Toilettentür.
  - Für den Fall, dass Ihnen im Bett noch etwas Wichtiges für den nächsten Tag einfällt, legen Sie Stift und Papier auf den Nachtisch.
- Entwickeln Sie feste Gewohnheiten, regelmäßige Tätigkeiten und geben Sie jedem Ding einen bestimmten Platz.
- Stellen Sie das, was Sie nicht vergessen wollen, direkt vor die Tür.
- Verknüpfen Sie wichtige Tätigkeiten mit festen Gewohnheiten. Legen Sie z. B. die Tabletten, die Sie unbedingt morgens nehmen müssen, neben den Zahnputzbecher.

»Guten Tag Frau …? Verflixt, jetzt fällt mir Ihr Name nicht ein!« Kommt Ihnen diese Situation bekannt vor? Sie treffen jemanden und Sie können ihn partout nicht mit dem Namen ansprechen? Eugen Roth[48] hat diese Situation in dem Gedicht »Die Vergesslichen« eindrucksvoll verdeutlicht:

»Ein Mensch, der sich von Gott und Welt
mit einem anderen unterhält
muss dabei rasch erlahmen.
Vergessen hat er alle Namen.
Wer war‘s denn gleich, Sie wissen doch …«

So verbessert sich Ihr Namensgedächtnis:
- Hören Sie genau hin!
- Fragen Sie bei der Vorstellung nach der Schreibweise des neuen Namens. Jeder freut sich, wenn Sie sich für ihn und seinen Namen interessieren.
- Lassen Sie sich den Namen buchstabieren!
- Stellen Sie sich die Schreibweise des Namens ganz deutlich vor.
- Sprechen Sie die Person im Laufe des Gesprächs wiederholt mit dem Namen an!
- Stellen Sie sich vor, wie Sie den Namen ganz groß mit Kreide an eine Tafel schreiben!
- Trainieren Sie Ihre Fantasie! Stellen Sie sich z. B. Herrn Kämper mit einem Campingwagen auf dem Zeltplatz vor.
- Werden Sie zum Dichter und reimen Sie: »Frau Heynen trägt buntes Leinen.«
- Bauen Sie Eselsbrücken!

[48] Oppolzer, U (2009). Verflixt, das darf ich nicht vergessen. Band 1. humboldt Verlag, Hannover

- Achten Sie auf besondere Merkmale!
- Gibt es Namen öfter, dann machen Sie in Gedanken ein Gruppenfoto! Stellen Sie sich z. B. alle Personen mit dem Namen Schmidt gemeinsam vor.
- Schreiben Sie den Namen sobald wie möglich auf!
- Denken Sie vor dem Schlafengehen noch einmal an die neuen Gesichter und Namen!
- Legen Sie eine Namenskartei an.
- Haben Sie beim Erinnern eines Namens Probleme, dann gehen Sie in Gedanken das Alphabet durch. Stellen Sie sich Detailfragen.
- Nennen Sie Ihren eigenen Namen; das veranlasst den anderen in 90% der Fälle, seinen Namen zu nennen.

8.3 Tipps für mehr Fantasie & Kreativität

- Lassen Sie los und entspannen Sie sich!
- Visualisieren Sie jeden Tag sehr genau bestimmte Personen und Gegenstände.
- Stellen Sie sich so oft wie möglich Dinge vor, die es (noch) nicht gibt.
- Schreiben Sie Fantasiegeschichten!
- Schreiben Sie fünf bis sieben Wörter mit einem bestimmten Buchstaben auf (z. B. mit »O« oder »U«) und erfinden Sie eine Geschichte, die diese Wörter enthält.
- Schreiben Sie Wörterlisten und versuchen Sie, z. B. den ersten Begriff der ersten Liste mit dem letzten Begriff der zweiten Listen in Gedanken zu verbinden, ein fantasievolles Bild zu malen.
- Stechen Sie mit einer Nadel fünfmal beliebig durch ein Zeitungsblatt. Drehen Sie das Blatt um, notieren Sie die Wörter, die Sie angestochen haben und bilden Sie daraus einen Satz.
- Lassen Sie sich von einem zum Beispiel von einem Familienmitglied oder einem Bekannten öfter mal drei oder fünf beliebige Wörter sagen und bilden Sie daraus spontan einen Satz.
- Lesen Sie Geschichten oder unbekannte Märchen, hören Sie in der Mitte auf und erfinden Sie einen neuen Schluss.
- Überlegen Sie sich jeden Tag für einen bestimmten Gegenstand im Haushalt oder am Arbeitsplatz neue Verwendungsmöglichkeiten, z. B. für Zeitungen, Büroklammern, Kugelschreiber, Blumentöpfe, etc.
- Hören Sie angenehme Musik und malen sie dabei, ohne viel darüber nachzudenken.
- Versuchen Sie Traumbilder zu zeichnen.[49]

[49] Oppolzer, U (2009). Verflixt, das darf ich nicht vergessen. Band 2. humboldt Verlag, Hannover

9 GROSSE LEISTUNGEN ÄLTERER MENSCHEN

Jean Louis Barrault, der große Pantomime, sagte: »Jugend ist eine Frage der Seele und nicht des Alters.« Wer sich diesen Satz als Leitfaden nimmt, kann auch im hohen Alter erstaunliches schaffen und viel erreichen. Hier ein paar herausragende Beispiele an bekannten Persönlichkeiten die trotz oder gerade wegen des Alters großartiges geschaffen haben:

- **Platon** (427–347 v. Chr.) antiker Philosoph, verfasste mit 80 Jahren das Werk »Philebos«.
- **Alexander Freiherr von Humboldt** (1769–1859) beendete mit 89 Jahren den fünfbändigen »Kosmos«, seinen »Entwurf einer physischen Weltbeschreibung«.
- **Theodor Fontane** (1819–1898), Schriftsteller, schrieb mit 79 Jahren seinen Roman »Der Stechlin«.
- **Gerhard Hauptmann** (1862–1946), Schriftsteller, verfasste mit 82 Jahren seine Version der Tragödie »Iphigenie in Aulis«.
- **Simone de Beauvoir** (1908–1986), Schriftstellerin, verfasste mit 75 Jahren »Die Zeremonie des Abschieds«.
- **Pearl S. Buck** (1892–1973), Schriftstellerin, verfasste mit 80 Jahren den Roman »Der Regenbogen«.
- **Bertrand Russell,** Philosoph, Mathematiker und Logiker, schrieb mit 98 Jahren an seiner Autobiographie.
- **Iwan Pawlow** (1849–1936), Physiologe, beschreibt mit 78 Jahren in »Konditionierte Reflexe« seine Experimente mit Hunden.
- **Martha Graham**, (1894–1991), eine der Begründerinnen des modernen Tanzes, stand noch mit 80 Jahren auf der Bühne.
- Der Clown **Charlie Rivel** arbeitete bis er starb – mit 87 Jahren.
- **Bernhard Minetti** (1905), Schauspieler, debütiert als 80-Jähriger mit Wedekinds »Frühlingserwachen!« an der Freien Volksbühne Berlin als Regisseur. 88jährig spielte er im Berliner Schlossparktheater in Ibsens »Wildente«.
- **Konrad Adenauer**, (1876–1967), der erste Kanzler der Bundesrepublik, war noch mit 87 Jahren im Amt.
- **Pablo Picasso** (1881–1973), Künstler, malte bis zu seinem Lebensende.
- **Michelangelo** (1475–1564), Künstler, begann mit 72 Jahren sein größtes Bauwerk: die Kuppel des St. Petersdom in Rom.
- **Tiziano Vecellio**, genannt Tizian, (1477–1576), Künstler, malte mit 98 Jahren die berühmte Pieta für sein eigenes Grab.
- **Francisco Jose de Goya y Lucientes** (1746–1828), Künstler, zeichnete als 80-Jähriger das Bildnis eines gebrechlichen Greises mit dem Titel: »Noch immer lerne ich!«
- **Marc Chagall** (1887–1985), Künstler, bemalte mit 74 Jahren die Decke der Pariser Oper. Mit 81 Jahren stattet er das Züricher Fraumünster mit Glasmalerei aus.

- **Oskar Kokoschka** (1886–1980), Maler, plante als 80-Jähriger einen neuen Anbau für sein Haus. Mit 88 Jahren gestaltet er das Mosaik »Ecce Homines« in der Hamburger Hauptkirche St. Nikolai.
- **Frank Lloyd Wright** (1869–1959), Architekt, entwarf mit 74 Jahren das Guggenheim-Museum in New York. Noch mit 92 Jahren überwachte er dessen Bau.
- **Giuseppe Verdi** (1813–1901), Komponist, komponierte mit 79 Jahren die Oper »Falstaff« sowie mit 81 Jahren die Ballettmusik für die französische Aufführung von »Otello«.
- **Artur Rubinstein** (1887–1982), Pianist, gab mit 89 Jahren noch Klavierkonzerte.
- **Vladimir Horowitz** (1903–1989], Pianist, feierte mit 83 Jahren seine größten Triumphe.
- **Arturo Toscanini** (1867–1957), Dirigent, leitete mit 79 Jahren noch die Vorstellung zur Wiedereröffnung der Mailänder Scala.[50]

»Und jetzt können Sie starten: Der Fächer (siehe hinterer Umschlag) wird Sie dabei begleiten!

Bestelladresse für weitere Fächer:
Telefon 0511 8550-2538, Telefax 0511 8550-2408, buchvertrieb@schluetersche.de

50 Vgl. Oppolzer, U. (1998). Hirntraining mit ganzheitlichem Ansatz

LITERATURVERZEICHNIS

Baltes, P. B.; Mayer, K. U. (Hrsg.) (1999). The Berlin Aging Study: Aging from 70 to 100. New York.

Beyreuther, A. (2010). T-Shirts für China nähen. Interview mit Manfred Spitzer und Wulf Bertram, in: Fachbuchjournal Mai/Juni 2010. Dinges & Frick, Wiesbaden

Kiefer, B. Rudert, B. (2007). Der therapeutische Tischbesuch. Vincentz Network, Hannover

Gärtner, H. (2004). Gott und Götter. Wahrheitssuche – Vom Gott Spinozas zur Kosmischen Religion. Teil 1. BoD., Norderstedt

Jäncke, L. (2006). Wie das Gehirn lernt. Use it or loose it. http://www.stadtschulenzug.ch/dl.php/de/20070814110233/bildungstag_jaencke.pdf

Lehrl, S.; Fischer, B. (1994). Gehirn-Jogging. Selber denken macht fit. Vless Verlag, Ebersberg

Lehrl, S.; Fischer, B. (1998). Die Gehirn-Jogging-4-Wochen-Kur. Multi-Media-Verlag, Dorsten

Lehrl, S. (2006). Gehirnjogging … Bei MAT liegen Sie immer richtig. In. Geistig Fit 1/2006, Seite 5 http://www.gfg-online.de/downloads/artikel_siegfried_lehrl.pdf

Mayer, K.U.; Baltes, P. B. (Hrsg.) (1996). Die Berliner Altersstudie. Forschungsberichte der Interdisziplinären Arbeitsgruppen der Berlin-Brandenburgischen Akademie der Wissenschaften, Band 3, Berlin.

Minninger, J. (2001). Gutes Gedächtnis, das Erfolgsgeheimnis. Mit Trainingsprogramm. Koch Media, Planegg, München.

Müller, E. (1985). Auf der Silberstraße des Mondes. Autogenes Training mit Märchen zum Entspannen und Träumen. Fischer Taschenbuch, Frankfurt.

Müller, E. (1993). Träumen auf der Mondschaukel. Autogenes Training mit Märchen und Gute-Nacht-Geschichten. Kösel Verlag, München.

Müller, E. (2004). Wege in der Wintersonne. Autogenes Training in Reiseimpressionen. Fischer Taschenbuch, Frankfurt.

Müller, E. (2004). Du fühlst das Wunder nur in dir. Autogenes Training und Meditation in Alltagsbeobachtungen, Aphorismen und Haikus. Fischer Taschenbuch, Frankfurt.

Neubauer, A. (2003). »Ständiges Training ist nötig«, Interview in Focus Wissen Nr. 47/2003, http://www.focus.de/gesundheit/news/medizin-staendiges-training-ist-noetig_aid_196852.html

Oppolzer, U. (1998). Hirntraining mit ganzheitlichem Ansatz. Grundlagen, Anregungen und Trainingsmaterial für Gruppenleiter und Dozenten. verlag modernes lernen, Dortmund.

Oppolzer, U. (2002). Wortschatztraining von A–Z. Persen Verlag, Buxtehude.

Oppolzer, U. (2006). Verflixt, wer war's denn gleich? Gedächtnistraining für Kinder. humboldt Verlag, Hannover

Oppolzer, U. (2006). Verflixt, was ist denn das? Kopfsalat und Glühbirne – Trainingsprogramm für Kids. humboldt Verlag, Hannover.

Oppolzer, U. (2006). Verflixt – Das große humboldt Gedächtnistraining. Die große Jubiläumsausgabe. humboldt Verlag, Hannover.

Oppolzer, U. (2007). Gehirntraining mit Phantasie und Spaß. verlag modernes lernen. Dortmund.

Oppolzer, U. (2007). Verflixt, das darf ich nicht vergessen! Die 50er Jahre. humboldt Verlag, Hannover.

Oppolzer, U. (2008). Das große Brain-Fitness-Buch. humboldt Verlag, Hannover.

Oppolzer, U. (2009). Verflixt, das darf ich nicht vergessen. Band 1. humboldt Verlag, Hannover.

Oppolzer, U. (2009). Verflixt, das darf ich nicht vergessen, Band 2. humboldt Verlag, Hannover.

Oppolzer, U. (2009). Verflixt, das darf ich nicht vergessen, Band 3. humboldt Verlag, Hannover.

Oppolzer, U. (2009). Verflixt, 100 Gedächtnisspiele. humboldt Verlag, Hannover.

Oppolzer, U. (2009). 476-Rom war ex: 265 alte und neue Eselsbrücken. Droemer Knaur München.

Oppolzer, U. (2010). Super lernen. Tipps & Tricks von A–Z. humboldt Verlag, Hannover.

Oppolzer, U. (2006). Bewegte Schüler lernen leichter. verlag modernes lernen, Dortmund

Oppolzer, U. Immerwährender Kalender für ein gutes Gedächtnis. Im Selbstverlag: ursulaoppolzer@gmx.de

Quernheim, G. (2003). Spielend anleiten und beraten. Urban & Fischer, München.

Radenbach, J. (2009). Aktiv trotz Demenz. Schlütersche Verlagsgesellschaft, Hannover.

Rigling, P. (2002). Hirnleistungstraining. Übungen zur Verbesserung der Konzentrationsfähigkeit. verlag modernes lernen, Dortmund

Rommel, T. (2010). Mentales Aktivierungstraining (MAT). Ein Weg, kognitive Ressourcen zu erhalten. In: Geistig Fit, www.gfg-online.de/downloads/artikel_tanja_rommel.pdfRoth, E. (1961). Ernst und heiter. Dtv, Frankfurt

Singer, W. (1995). Mehr Kraft im Kopf, in: FOCUS Nr. 4 (1995), http://www.focus.de/wissen/wissenschaft/hirnforschung-mehr-kraft-im-kopf_aid_150957.html [Zugriff am 19. April 2010]

Schmidt-Hackenberg, U. (2009). Wahrnehmen und Motivieren. Die 10-Minuten-Aktivierung für die Begleitung Hochbetagter. Vincentz Network, Hannover.

Vester, F. (1998). Denken, Lernen, Vergessen. Was geht in unserem Kopf vor. Dtv Verlag, München.

WDR (2008): Hält Gehirntraining jung? Script zur WDR-Sendereihe Quarks & Co., Köln

Allgemeine Nachschlagewerke:

Dudenredaktion (Hrsg.) (2002). Duden 11: Redewendungen und sprichwörtliche Redensarten. Sprache. Bibliographisches Institut, Mannheim.

Dudenredaktion (Hrsg.) Duden 08: Das Synonymwörterbuch. Ein Wörterbuch sinnverwandter Wörter. Bibliographisches Institut, Mannheim.

Dudenredaktion (Hrsg.) (2006). Duden 07. Das Herkunftswörterbuch. Etymologie der deutschen Sprache. Bibliographisches Institut, Mannheim.

Helm, E.M. (1985). 555 Teekessel. Verlag DuMont, Köln.

Puntsch, E. (2003). Zitatenhandbuch 1. Universitas Verlag, Tübingen.

Puntsch, E. (1993). Witze, Fabeln, Anekdoten. Weltbild, Augsburg.

Textor, A.M. Sag es treffender. Rowohlt Verlag, Reinbek.